Det som var en Alzheimer

Rie Berthelsen

# Det som var en Alzheimer

© Rie Berthelsen 2024

Omslagsbild: Isabell Berthelsen

Förlag: BoD – Books on Demand, Stockholm, Sverige

Tryck: BoD – Books on Demand, Norderstedt, Tyskland

ISBN: 978-91-8097-399-1

# Förord

I denna bok finns de daganteckningar som min mamma skrivit från dagen hon insåg att hon måste vara demenssjuk och nästan två år därpå. Daganteckningarna presenteras här så stundtals svårbegripliga, förvirrade och felstavade som de var när mamma skrev dem. Några små förtydliganden ville mamma dock införa i efterhand, och de många ställen där texten hade olika storlekar eller färger på orden har justerats för att öka läsbarheten.

Mamma skriver först om utredningsprocessen, om att få diagnosbeskedet och om att behöva ringa oss barn och berätta. Hon skildrar den nya vardagen som infinner sig när sjukskrivning byts mot sjukersättning, när hoppet om att återhämta sig från utbrändhet byts mot tröstlösheten i att sakta känna sin hjärna förtvina. Att skriva ner det som snart kommer vara glömt bidrar med någon slags struktur och trygghet för henne. Att hennes ord kanske kan bidra med förståelse för sjukdomen och mindre stigma kring den, det bidrar med någon slags mening.

För mig var denna text det mest värdefulla, ångestfyllda och jobbiga jag någonsin fått ta del av. Jag har alltid sett upp till min mamma för hennes värme, humor, beslutsamhet och styrka, och för hennes förmåga att glädjas av det lilla. Allt det tycker jag lyser igenom i texten, men jag tycker att det verkar finnas så mycket mindre för henne att glädjas över nu. Jag tror att mamma är som gladast när hon får läsa en bra bok med en katt spinnandes bredvid sig, när hon får julpynta och lägga ner kärlek och omtanke i paket och inslagning, eller när hon får hjälpa sina barn när vi behöver henne eller skryta om oss när vi gjort henne stolt. Jag vet att alla de sakerna bara blir svårare och svårare för henne att göra. När jag första gången läste mammas anteckningar behövde jag ringa mitt ex och böla mitt i natten, flera nätter i rad. Mamma skriver om så många tankar som jag så gärna velat att hon hade delat med mig tidigare, men som jag undrar om jag själv hade haft modet att *tynga* min familj med. Sjukdomen kommer ta mammas liv ifrån henne, och henne ifrån oss. Det är en situation utan lösning och utan hopp. Det enda som kan göras är att vara där för varandra. Jag vill tacka mamma för alla gånger hon varit där för mig, och jag vill tacka henne för alla gånger hon vågat låta mig vara där för henne.

I en av anteckningarna frågar sig mamma vem Alzheimern kommer att göra henne till framöver. Kommer hon vara en gullig tant, eller kommer hon bli någon som kastar saker, kladdar med avföringen och äter upp andras mat? Hon skriver att hon är och vill få förbli sig. Hon skriver att vi gärna får minnas henne så. Men vad demensen än kommer göra med henne, så kommer jag vilja minnas allt det också. Jag vet inte om mamma kommer krama om mig eller stirra på mig som om jag gjort inbrott när jag i framtiden hälsar på henne på boendet och berättar vem jag är. Jag vet inte ens om hon kommer leva till att flytta dit. Jag vet bara att hon, oavsett hur sorgligt det här slutar, alltid kommer vara min mamma och alltid kommer vara värd all kärlek i världen. Oavsett hur sorgligt det här slutar, så borde hon aldrig behöva skämmas. Med stolthet och sorg och glädje tänker jag minnas alltihop.

Mamma, jag älskar dig med allt jag har.
Alfred Berthelsen Gustafsson

## 2021-23/9 – Förstodandet –

– eller när jag begrep. (Tack och lov för ~~synomisner,~~ eller synonymer)! Nej, nu ska jag börja från början. Letar förtvivlat på 1177 för att hitta korrigeringen, nej, sammanhanget, nej det heter (tänker...), samman...? Öh – staplen? Nej – satan också – får spara det till senare.

Tillbaka till 23/9. Som andra dagar far jag runt i huset för att finna tillhörigheter. Just det! Det här ska jag väl klara. Det svåra är att behålla kunskapen om (i detta fall), glasögonen. Jag letar efter dem hela tiden. Okey. Då så, nu har jag koll på dem. Då stöter nya problem in. Vad skulle jag ha glasögonen till? Ser mig omkring. Satt jag och läste? Ser inte att dagens tidning är uppslagen. Kanske jag skulle läsa posten? Böckerna har blivit för svåra, med allt för många ord att härbärgera. Så många ord som kan falla bort. Enda trösten är att min stegräknare verkar nöjd. Själv håller jag fast vid min ambition om att hitta det, jag ju inte vet, vad är.

Framåt dagen inser jag plötsligt, att jag är för fan inte utmattningssjuk – utan snarare är demenssjuk! Den faller tungt. Väldigt tungt. Åren med utmattningssyndrom får sannolikt byta diagnos. Märkligt egentligen. Med en moster, en morbror och en mormor som drabbats. Som om just jag skulle gå fri. Jag som har jobbet i vården och vet mer än jag vill veta. Kanske därför jag inte har gjort det. Men nu? Nu har jag fått insikt.

Jag letar ganska snabbt upp min mobil, kanske för att jag faktiskt råkade ha den i min gamla morgonrocksficka. Bra den fickan. I den kan jag också fylla mycket grejer, vilka jag sedan inte kommer att hitta. Det har förundrat mig många gånger hur jag faktiskt kan tappa bort så många saker, i en och samma ficka.

Nej nu gäller det att fokusera. Letar upp ~~relout~~ fram, öh, vad sa jag? Resolut heter det. Sådant kan jag väl klara? Får en telefontid d. 27/9.

## 2021-27/9 – Telefonsamtal med läkare
(Kollat av händelser och datum på 1177)

Nu är jag igång igen. Är det inte min kropps egna begränsningar, så är det sjuttontusen andra saker. Ibland känns det som att jag på eget bevåg fyller upp platserna? Öh…, vad heter de, de där platser? Bokningar? Tiderna? Alltså de på vårdcentralen.

Är det inte en fot, så är det ryggen. Värken tar sin energi och eviga plats. Stressen tar sin. En smärtande höft. Eller varför inte den djävliga bröstryggen. Tillsammans var de båda i ensamt majestät (Kan man det? Det går helt klart över min nivå. ) Ja, se de där skrivreglerna…

Vant var det i alla fall. Och tryggt. Mina allehanda krämpor som kämpar om att turas om med att ligga i starten. (Skrivregler är ju ett minne blott) Kropp och utmattning. Utmattning är mitt efternamn.

Nu är det huvudsaken saken. Bokstavligt. Där finns problemen. En ny Joker är med i spelet. Utmattning eller …, demens? Värken är en anförvant. En som troget följt mig sedan 18 års ålder. Min läkare skickar remiss till Geropsykiatrisk mottagning. (Tror faktiskt att jag har koll på detta).

## 2021-28/10 – Besök av Sjuksköterska på vårdcentralen

(Kollat av händelser och datum på 1177) Minnesutredning.

Samtal och gör tentor – Nej Rie – du samtalar och gör tester! Tur att sköterskan är både överseende och kompetent. Hon tycks ha koll.

Är i en mycket trött period. Sover och sover. Slår snart mina xxxx (har inte rodet! Nej Rie – i rodret, i sömn och sömnighet. Inte ens jag vet vad jag ville säga....

Har aldrig varit så trött och urlakad inför julen. Julens sysslor görs på ren .... letar ord... skit också!

## 2021-24/12 – Julen blev jättefin! – På alla sätt

Bara vid ett tillfälle blev det märksamt fel. En gäst av annan ....öh vad heter det nu..? Härkomst! Jag briljerar! :) I vart fall kom killen fram för att hälsa. På engelska! Jag som knappt kan svenska, eller danska för den delen. Jag klämmer ur mig;»I can not speak at all«. Den unge mannen bjuder på ett varmt leende och en kram. Alles gut! Håller mig vid de som pratar svenska, och söker mig gärna ut i köket, där även jag kan göra nytta. I vart fall de stunder som inte kroppen sätter stopp.


## 2022-10/1 – Hembesök av sjuksköterska på »Specialistpsykiatrisk (Krävande ord vill jag lova), barn, unga och vuxna, Äldrepsykiatriska mottagningen i Växjö. Puuuuhhh!
(Kollat av händelser och datum på 1177)


Börjar också fundera på hur jag egentligen skriver datumen…... De tycks inte bli läsbarade (perfekt litet ord) av min hantering. Ska skriva en lapp om att komma ihåg det.

Besök i hemmet. Jobbar tillsammans alla tre, förutom när sköterskan delade på maken och mig så att han satt på övervåningen med uppgifter. ~~Frågelär?~~ Frågförlär? Tröttsamt. Smart att dela på oss diskret. Någon av oss k u n d e mycket vara våldsutförare. (Finns sådant ord?) Jag tror det var då som vi hemläxa – eller det kom kanske senare. Allt blir allt mer. Det finns personer som faktiskt lägger tid, och därmed resurser, för att de ser att något ändå verkar fel. (Ja!) Kan jag verkligen har tappat så mycket? Skrämmande.

Ska be maken om hjälp med att spara rätt, och säkra mina texter. Syster ser till att jag har de medikamenter som sägs kunna hjälpa både knopp och kropp.

Försöker fårstå intesnsivt (jaha..?) för att förstå (krångligt där) hur jag ska kunna uppna (bra ord) 1177. Hur brukar jag ta mig in där? Tor mig minnas att vi vid ti

Mina barn!!!

## 2021-01-14 – Ond höft och mörkt rum
(Kollat av händelser och datum på 1177)

På vårdcentralen för sjukskrivning – och för en injektion. Jag kommer efter att ha varit vakt på ett tentapass (5,5 tim), och är fullständigt utmattad. Har svårt att redogöra för hur många tillfällen jag har träffat demenssköterskan. Ser i min husdoktors ansikte att jag nog säger fel. Sjukskrivningen är visst redan fixad från geriatriska mottagningen.

## 2022-01-17 – Sjukskrivning

Jag blir sjukskriven på heltid t.o.m. 27/3. Vilar, sover, sover och hämtar ihop mig. Många lättsamma serier blir det, och en hel del promenader. Drömmer mer än vanligt.

## 2022-01-21 Yes jag äger! :)
(Kollat av händelser och datum på 1177)

Huvudiagnos; *Observation för misstänkt kognitiv störning som uteslutits och avskrivits.*

Betyder det att jag är både sjuk *o c h* frisk? Sådana meningar borde inte hanteras i närhet av trötta hjärnor.

Diagnos; *Okända och icke specificerade orsaker till sjuklighet.* (Själv gissar jag friskt).

Samtal med läkaren. Minns mest att jag var trött. Maken är med under samtalet. Fyllde i. Doktorn känner efter uppenbara somatiska sjukdomstecken. I en kropp kan mycket gå fel. Minns att jag inte mindes. Svårt att fokusera. Kändes overkligt. Handlar detta verkligen om mig!?
Omtumlade men så gott det kunde vara för oss.


## 2022-01-26
Vårdcentralen Lessebo, Region Kronoberg, Vårdcentralen Lessebo

Anteckning av min läkare;

I remissvar från äldrepsyks (öh..) minnesmottagning framkommer att de önskar remiss för DT hjärna och kontroll av PEth. Lägger in provtagningsunderlag och skickar remiss för DT hjärna samt informerar patienten brevledes. Brev till patienten.


**2022-01-26** (Okey – kopiering är smart. Gäller bara att byta till det nya datumet.….

Brev skickat till min läkare. Från specialistpsykiatrin barn unga och vuxna, Region Kronoberg, Äldrepsykiatriska mottagningen Växjö, begär blodprov.

Vill se om jag dricker alkohol. Nope – med mitt redan så trötta och röriga huvud, så är alkohol inte intressant. Men jag förstår att de vill veta. Vore ju dumt att göra omfattande tester, om det var så att jag egentligen söp. Jo, jag menar så klart att även de som super ska ha hjälp. Inte tal om det. Men det är ju bäst att försöka behandla rätt problem. (Puuuh!)

Har fått tid för blodprov. Lab, B-PEth 16:0/18:1

Okey – tar mig mycket tid för att klara att boka tid för blodprovet. Visar sig vara en gedigen uppgift att boka blodprov. Så svårt att hitta, och sedan alls inte lika lätt att hitta igen. Hur mycket ska en trött och förvirrad tant, kunna härbärgera?

## 2022-01-28 – Blodprov

Tar bilen. Är segare än kola. Kommer i perfekt tid till blod-provtagning. Det gör dessvärre inte personalen på vårdcentra-len. Ja, värre saker kan ske, lite surt dock eftersom min gamle bil laddar ur. Får lämna bilen och gå hem. Maken och jag får köra ner med ~~slangar~~, ~~sladdar~~ – dem man laddar med. Heter de verkligen laddsladdar? För mig ser det mycket konstigt ut.

## 2022-01-31 – Provsvar

Svar från lab. Verkar som att jag dricker lika (lite) som jag visste. Skannat svar μmol/L. Utredningen kan fortgå.

## 2022-02-03 – Psykolog
(Kollat av händelser och datum på 1177)

Ser att jag har skrivit 3/2 i min almanacka…. tycker det ser skumt ut. Skrivs det så?
   Sitter i samtalsrum. Första besöket med psykologen. Maken är med den första ½-timmen. Många olika tester. Jag är rädd att jag inte ens klarar mig så pass mycket, att jag får en liten silver, alltså en sådan med klisterlapp, Alltså med klister! Sådan man fick i skolan när man hade varit duktig. Ju mer som inte funkar, desto mer behövs det av uppmuntran. Alltså av personal eller av maken eller systern. Förstår de inte att jag behöver få stora guld?

Det är bara dem som vet. Klarar mig nog ganska bra utan att avslöjas. Än så länge. Med tiden måste fler få veta. Värsta är att berätta för barnen. Vad som helst men inte det här. Skäms på mig!

Det stämmer inte. Det vet jag. Men just nu är berättandet det värsta.

Har börjat kladda med färger och leker mig lugn. Leker mig en tavla.

Också varit på vattengympa, vilket tyvärr förvärrade min skadade axel. Bläh…, vad kan vara skonsare (skumt ord) än det. Får man ens skriva så?

Huvuddiagnos; Okända och icke specificerade orsaker till sjuklighet.

## 2022-02-05 – Misstanke?

Är med mina syskon i mammas hus. Mycket att ta rätt på. Annat som går till andra – eller kanske till loppis eller annat. Finns en del med hus i både Danmark och i Sverige. Jag bidrar blygsamt, Pappersarbetet ligger mest på syskonen, så också med det som kräver bra fysik. På kvällen då vi bara satt och pratade, var jag trött. Svårt att formulera rätt då. Tror att svägerskan som är logoped bör ha märkt det. Å andra sidan har jag svamlat runt en längre tid…

## 2022-02-1o – Psykolog
(Kollat av händelser och datum på 1177)

Tillbaka på brottsplatsen. Maken med i början. Många obegripliga test. Andra går bättre. Inte på något sätt skiner det fram vad testerna visar. Vet inte ens om jag vill veta.

Efter detta skriver jag i realtid. Är det rätt ord..?


## 2022-02-16
(Kollat av händelser och datum på 1177)

Är på Kirurgkliniken, Region Kronoberg, Bröst- och endokrinmottagningen.

Hittade en tydlig ca.3 cm knuta i bröstet. Trots att de bara skulle påstarta processen så trollade de fram kontaktsjusksköterska, mammografi, ultraljud och biopsi. Visade sig benign. Kan inte låta bli att tro att de skyndade på eftersom jag är i utredning. Eller var det som de sa, att de bara hade det lugnt den dagen. Det spelar ingen roll, jag är bara tacksam över att få det så översnabbt. Helt fungerande ord tycker jag.

Har gått på vattenpass igen. Borde jag defenesivt (ännu ett nytt ord) inte gjort. Axelskadan vill ha mängder av uppmärksamhet. Kanske den vill ha stor stjärna?

Måste anlita en sjukgymnast snarast. Mitt i allt. När jag hittar ork.

Huvudiagnos (Icke specificerad knuta i bröstkörtel)

Inne på sjukhuset köpte jag en sallad. En normal sak att göra, fast tyvärr inte för mig. Finner mig istället gående med en obetald sallad i handen! Fick en känsla av att det gick för snabbt. Kunde som väl var glida tillbaka in och obemärkt betala för mig. Puh! Hur pinsamt hade det inte varit, om jag hade blivit haffad i affären! Lova att låsa in mig när det är dags!

## 2022-02-17 – Psykolog
(Kollat av händelser och datum på 1177)

Ännu fler tester. Tröttande. Tycker att jag inte förstår det jag borde veta. Det verkar lätt, men jag inser att jag inte ens närmar mig en liten silverstjärna. Inte på något sätt visar psykologen vad testerna visar. Det är sista sittningen. Vi har tid över. Psykologen berättar vilket stöd jag och familjen kan få om det visar demens. Jag bjuds en kaffe och kan bläddra i tidningar till maken kommer och hämtar mig. (Kan inte ringa till honom, eftersom jag glömde min laddsladd...)

Känns ju kanske lite bra att jag och familjen kan få stöd. Det kommer att behövas. Fast mest av allt vill jag vara hjärnfrisk!

Härefter inväntar vi bara Lumbalpunktionen. Alla testerna är avklarade.

## 2022-02-18

Yngsta sonen skriver i chatten och undrar om julklappstidningen, Skriva. Den som han skulle få i julklapp. Den har inte kommit till honom. Jag får omedelbart en obehaglig känsla av att jag har ställt till det. Kollar min bank, men där ser det mest ut som att jag har fått pengar!? Och alltså inte betalat ut? Tanten med guldpengarna? För mig är det obegripligt. Maken lovar att hjälpa mig i morgon.

## 2022-02-19 – Mötet

Är med på lilla medlemsmöte i partiet. Har två personer med mig i bilen. Har svårt att få rätt på orden. Sedan efter fikat och diskussionerna uppstår är jag ....ordet....? Jag hittar inte orden, jag hakar, fast och försöker hitta andra ord. Känner mig blottad och avslöjad. Orden går sin egen väg, om det ens är ord. Hemma mår jag mycket dåligt. Jag är ju så medveten om att jag inte funkar! Att sitta och säga fel gång efter gång, gör mig ......ordet? Bakom mina ögonlock ser jag cell efter cell ~~exlopera~~, nej Rie – explodera, som i en serieteckning.

Det är bara ett möte kvar. Sedan lämnar jag över mitt uppdrag som kassör. Det som var så lätt, har bytts ut till svår vånda. Maken har under de senare år fått stödja mig, men inte alls i den omfattning som nu. Varför kommer fel ord- och läten ut – i stället för det jag vill säga? Många gånger är ju de påhittade orden faktiska svårare än de egentliga?

Hemma äter jag för mycket och ser på serier. Vilar och försöker glömma. Just den känsloladddade situation är etsad ordentligt i mitt minne. Jahe.., alltså tills också den cellen poffar iväg. …

Varför valde jag att följa med? Jag har ju valt bort så mycket andra aktiviteter? Svaret är att det är socialt. Vill inte puttas bort. Orkar inte att bara hänga med mig själv hela tiden. Det gagnar mig inte att vara med en förvirrad (mig) hela tiden.

I morgon ska vi åka till dottern och svärsonen. Tänker att det ändå kan bli trevligt! :)


## 2022-02-21 – Lumbalpunktion.

Jag vill inte ens veta hur mycket det ska kännas. Trots det läser jag igenom hela nätet… Tror det blir läskigt!!

Överväger att lägga benen över…, har visst glömt det uttrycket. Maken är med mig. I väntrummet är jag inte länge. Kallas in i bokad tid. Läkare och skötare, och i skrivande stund ser jag hur de måste sätta ….~~tröja~~…alltså en där som korsar armarna så man inte kommer..vad..vet inte vad jag ville skriva. ~~Tångströja~~! Obegripligt är det ordet. Nej – Både läkare och skötare är nästan för förstående. Det görs först ett försök och sedan ett till. Det går inte. Måste pausa för att jag känner att jag svimmar. Känner mig som en stor jättebebis. Får ligga på britsen för att hämta mig. Ett försök till görs men det går inte. Kanske min atrosproblematik gör det svårt? Läkaren skickar remiss till röntgen för att kunna se kotorna och möjliga ingångar.

Luften går ut ur både jag och maken. Nu trodde vi att provet skulle avklaras och att vi sedan skulle få diagnos inom 6 v. Nu kommer vi kanske få vänta 6 veckor (läkaren chansade), och sedan de sex veckorna tills svaret kommer. Det var mycket mer än vad vi orkade hantera. Dagen slutade med att jag överåt glass för att dämpa stressen. Och när jag skriver mycket, så menar jag mycket! Ah – nu hittade jag ordet – tvångströja! Hoppas det dyker upp en röntgenlucka någonstans, där en mullig, skör, förvirrad och tant ryms. Inte ens en pytteliten pappersstjärna syns i horisonten.

## 2022-02-23 – En vanlig dag.

Nu syns i vart fall solen och ut i den ska jag. Har promenad bokad med väninna. Det blir bra. En solstråle, lite fågelkvitter och en solkatt kan hjälpa på mitt humör.

Just då lade sig ett grått moln, men både benen och munnen ska gå. Jag vet så väl att jag mår bättre efter lite prat på en promenad.

Irriterad dock eftersom att min Trokanterit har börjat härja i höften. Verkar vara gamla samma inflammation om jag fattar rätt. Orkar jag gå dit igen? Och – inte minst – orkar sjukvården med mig?!?!?

På vägen ner till promenaden passar jag på att köpa ett par varor som jag saknar hemma. Frestades också till att köpa två små tio-lotter, vilka jag glömde att ta med mig. Funderade kort om jag skulle gå tillbaka och skämmas – eller hoppas att jag snart glömmer det lilla intermezzot.

Har pysslat med pärlor senaste kvällarna, men den lilla tillhörande plastbrickan, den som pärlorna ska ligga på har varit borta ett tag. Strax före läggdags fick jag i vart fall en ....sådan där... en öh ...uppenbarelse! – Yes – hittade den och ger mig glatt en stor silverstjärna! ★

## 2022-02-24

Ännu vet ingen om ev. demens, och på grund av den misslyckade lumbalpunktionen så kommer det att dröja. Bara maken och systern, men inte heller någon av dem kan sätta diagnos. Själv vänder jag på det fram och tillbaka. Utbränd, grillad eller dement? Tillbaka och fram.

Får jag välja så väljer jag att vara utbränd, eller t.o.m. en glödande askhög. Då finns det ju ändå möjlighet att blåsa syre på glöden. Men med döda celler,, är oddsen noll. Där kan man stå och blåsa utan effekt. Visst med medicin, bra om... öh... mina tidiga termer tycks vara borta...

Noterar med störtning, bestörtning, att Putin startat krig idag. Och här sitter jag och gnäller över spillda celler. Många kan missta allt vad de har. Vi kan också förlora så mycket mer. Så ofantligt och ofattligt mycket, mycket mer.

Så ofantligt och ofattligt mycket, mycket mer. Puh...dessa två ord gjorde vurpa i mitt huvud. Fick skriva upp dem bägge på papper för att få ner dem. Glömde hela tiden vad nästa ord skulle vara. Hur svårt kan det vara att sätta några ord? Två ord!

## 2022-02-26

På väg till Skåne för att hälsa på sönerna. Ser fram mot en fin helg. Intalar mig – och hoppas – att min förvirring bara beror på utmattning. Stannade i en affär där vi brukar stanna, men kände inte igen mig. Gick som ett barn efter maken för att inte komma bort. Hoppas att vi kan dölja det ännu ett tag. Vill inte att någon av barnen ska veta ännu. Veta helt. Vill skona dem tills vi säkert vet. Jag känner att jag blivit mer beroende av maken, också i de små sakerna.

## 2022-02-27 – Helgen

För första gången har jag rest bort utan min kudde! Den är annars a l l t i d med vid övernattningar! Stor minusstjärna för det ….. hittar inte ordet…, bedriften…? Det visade sig också att jag hade glömt öronproppar (fast hade som tur var ett par i väskan) Glömd var också den mjuka bomullstopp som jag brukar sova i.

Jag vet att jag glömde en sak till, men den har jag helt glömt. Frustrerande. Som ett stort poff smäller ännu en cell.

Mitt i allt glad efter en fin helg. :)

## 2022-03-01 – Sjukgymnasten

Träffar sjukgymnast via ~~vapp~~, Nej Rie, via en app. Mycket rörigt eftersom jag inte får mobilen i rätt läge, och att jag måste ha headset + laddare hela samtalet, eftersom min mobil inte är mobil längre. (Mitt batteri är slut) För många sladdar, och störningar i appen. Har tillräckligt med värk utan att min axelskada också ska bli ~~konstru~~....neh... jag menar alltså när en värk stannar. Öh läser det igen. Och igen. Finns det någon ledtråd? Aha!! Kroniskt! Underbart att kunna bli så glad för ett brukbart ord.

Sjukgymnasten lovar att skicka bilder och förklaringar till rörelserna. Det är nog klokt på alla sätt.


## 2022-03-02 – Bokföringen!

Sista gång för mig. Avstår vidare engagemang. Får nöja mig med att vara med på medlemsmöten efter detta. Jag kämpar med talet – och kugghjulet går ohyggligt långsamt. Stundtals är det omöjligt. Jag tappar tråden och förstår inte talen. Tacksamt att maken ska gå igenom allt sedan.

Plötsligt plingar telefonen till – Det var en partimedlem som undrade om jag kom. Det kunde jag inte, eftersom jag helt hade glömt att jag skulle varit på möte!

Jag har börjat kolla på nätet för att finna en utväg. Jag vill inte bli en börda. För vare sig min familj – eller för mig. Problemet är väl att jag glömmer den planen när den tiden kommer. Letar i huvudet, vad är ordet jag söker? Det tar stopp. Phuhh kommer ingen stans. Jag är mycket arg på mina bortsprungna celler.

Sitter länge och söker efter ordet. Det rent av ligger på tungan, men hur länge jag än kämpar i minnesbanken så är det borta.

## 2022-03-03

På tur i lilla bilen till en väninna. Promenad, prat och fika. Trevligt. :) Lyckas ganska bra med att låta väninnan prata mest. Solen sken, besöket gick bra, och det kändes nästan bra. Ger mig själv en liten guldstjärna för att jag fixade det.

Fick också en ny kallelse till Lumbalpunktion! Nästa försök (och förhoppnings blir det sista!) blir det d. 17/mars. Med det blir min diagnos kanske inte mer än tre veckor försenade senare. Hmm – lite klurigt med orden här visst...

## 2022-03-04

Till staden med maken. Besök hos svärmor som ligger och tittar. Känns svårt när man inte får återkoppling från henne. Nu när jag skriver ropar maken på mig. Han undrar om en detalj. Sådana kan jag inte besvara. Fick gå ner och titta i köket. Vad var det? Läs köket! Vad händer? Lyckas mig att få fatt i det till slut.

Hör nu maken ropa till mig igen; Har Du glömt tvätten?
Jepp – det är precis vad jag har gjort…

## 2022-03-10 – Soliga dagar (som hjälper tants sinne och minne).

Är mest i det lilla förutom att jag deltog i Folkets Hus i Åfors på Kvinnodagen d. 8/3. Inget problem med varandet. Inget krävdes av vare sig prestationer eller samtal. Något nickande, ett leende och ett ord här och när. Sådant kan jag ännu klara. Ger mig själv en jättestor G u l d s t j ä r n a! :) (Kanske är jag alls inte är sjuk i huvudet…?)

Smärtar mig varje gång jag tänker på barnen. Jag vill inte behöva lämna dem redan. Visst kommer jag finnas än, även om jag försvinner dag för dag, men det kommer inte vara den mamma de hade.

Lyckats (med makens hjälp) att få ihop kassarapporten. Puuh!! Ikväll ska vi ha styrelsemöte och då ska det gås igenom.

Revisorn kommer i helgen – och sedan är det hela avklarat inför årsmötet. Kommer att sakna de diskussioner som jag förvisso redan tappat bort… Kommer också att sakna partikamraterna som också blivit vänner. Världen krymper och krymper och krymper. Poff – poff. Ännu en cell!

Försöker öppna nya dokument, 3 stycken, för att skriva varsitt brev ifrån mig. Det bestämde jag mig under hösten. Nu tänkte jag att idag var en bra dag till det. Det var det visst inte. Hur jag försöker kan jag tydligen inte klara en sådan invecklad företeelse. (Använde synonymlista för de två sista orden – hittade inga själv...)


## 2022-03-12 – Fina dagar – fast...

I förrgår räfsade jag lite i trädgården med lilla ~~Fiskassen,~~ Fiskatten! (Hon heter egentligen Lilltass.) Jag jobbade bara i 30 minuter vilket är max om jag inte ska få allt för ont. Solen lyser och ger värme till mina tankar. Sorterar och slänger lite papper varje dag, eller har det i alla fall som.... där försvann det ordet... Ambition! (Där kom ordet upp!) Vill inte lämna över allt till barnen och maken. Var på mitt sista styrelsemöte där vi inmundigade var sin pizza. Jag bidrog med mycket lite.

I gårkväll sa jag till maken att jag inte känt mig förvirrad. På allvar! Tänkte igenom dagen då jag bara varit hemma och lullat runt hemma i huset. Verkar dock inte riktigt minnas v a d jag egentligen gjorde! Jo – jag var ju på vattengympa på förmiddagen. Tur – all form av rörelse är av godo! :) Fram på eftermiddagen blev jag dock sänkt, då jag tänkte på alla mina begränsningar. Värken som alltid är med mig, och där de olika krämporna som turas om att ligga i täten. Det gick an en stund, men varje sak begränsade mig. Också det mentala. Läser inte längre böcker, det gav jag upp för något år sedan. Jag tittar på dem ibland, och känner på dem. Jag har alltid njutit av en bok i min hand. Tidningen läser jag snuttifierat, och hoppar i texten när jag läser. Orkar nästan aldrig läsa hela stycken.

Började googla med hänsyn till rådande krig, där jag inte kan bidra till någonting alls. Skulle kanske hitta något som jag kan bidra kanske 2 timmar, någonstans? Men just den här skröpliga tanten, tycks mest behöva hjälp själv… Allting jag tittade på krävde mer än jag kunde. Får stanna i det lilla, vilket i alla fall gör att huvudet inte överbelamras. Men att inte kunna bidra med något, får mig att känna mig värdelös och obehövd.

Tack och lov kunde jag måla lite på fönstren på nya verandan. Möjligen bidrog jag inte så mycket, men det lilla jag kunde göra, gjorde att min dag (kväll) kändes bättre. Hade gärna målat lite till, men min skadade axel satte punkt för eventet. Tyvärr är den då så mycket sämre idag, så då får jag hitta något annat att sätta tänderna i. Just det – det ä r ett problem. Vikten går stadigt uppåt vilket alls inte är bra för tantkroppen!

Lämnar för dagen, för att släppa ut en fluga. Slår mig nu också – att jag då – faktiskt – gjorde något för en annan! Ska ju faktiskt också gå ner och ge katterna. :)

P.S. Fick förresten en kallelse till DT – hjärna igår. Lite skumt, så visst jag vet så gjorde jag en röntgen tidigare o c h en DT, tidigare…? D.S.


## 2022-03-13

Har ni märkt att jag skriver bättre? Jag har nämligen fallit till fana..!? Till….öh…fana? Det ordet har visst poffat iväg. Jag har i vart fall börja rättsrivelser, eller gör jag inte det..?

Använder också synonymer. Annors blir nog hela texten omöjlig att tyda. Fast inser att också det blir konstigt.….

## 2022-03-14

Sitter uppe medan städfirman fixar. Jag har förberett och bäddat rent, bytt handdukar, fyllt på tvål, pysslat med blommor, m.m. D.v.s. det jag inte själv klarar.

Llllllä------------ oj det är katten skriver nu! ;) har jag inte klarat på flera månader! Var kom det ifrån?!? Jag ger mig själv en jättestor skimrande guldig stjärna!! Ser nu att jag inte har skrivit *varför* jag fick stjärna. – Jo, jag klarade att gå igenom vår ~~gemenska, gemeniska, gemanska~~, gemensamma ekonomi, föra kassaboken, kolla kvitton m,m.

På något sätt fanns det plötsligt en glugg av klarhet. Maken är minst lika förvånad som jag.

Har också känt mig något piggare, har räfsat i trädgården (max 30 min för min skadade axel) och efter vila också klarat måla en stund på verandan tillsammans. Märkligt och tacksamt. :)

Så skönt att jag tycks finnas där inne ännu. När de ännu levande cellerna är i form.

Jag har också passat på att lägga de brev som barnen ska få – i en mapp. Jag överträffar mig själv idag!!

Tack för att jag fick vara mig själv en stund!

## 2022-03-16

Puh...nu lyckades jag med att komma på hur jag kommer tillbaka till rätt tecken. (Teckenstreck?) Självklart klarade jag inte det på egen ...? Hur säger man? Hur som helst. Nu glömde jag vad jag skulle skriva om. Tänker en stund...

Kanske om att solen sken också idag. Men v a d gjorde jag i ~~gpr!?~~ går? Bra funktion den där som heter... (måste gå tillbaka till den för se vad jag ville göra. Puh... det funkar dåligt. Går en promenad med maken i stället. Sådana promenader låter knoppen vila, medan kroppen får behövlig motion. _ och nu kom jag på vad det var jag gjorde igår. Jag var ansvarig fönsterskrapare – skrapade alltså det som hade kommit utanför. Yes! Jag är en fena på både skrapning och minne.

Minns nu att jag ringde till både röntgen och äldrepsykiska öh... i vart fall fick jag koll på mina tider.

Pysslade med prälor också. Sådant kan jag ännu klara.


## 2022-03-16

Är hemma och pysslar med katterna. En av dem ligger precis bredvid mig på en kudde. Nu verkar hon nöjd utan klappning nu. Har somnat.

På ren tur fick jag se min almanacka, vilket gjorde att jag insåg att jag höll på att glömma tiden. Det blir lätt så när man är för säker på något nu för tiden. Allting ska skrivas upp, vilket jag ju egentligen också hade... – men hade fått för sig en annan tid ändå. Ja – och det var en sjukgymnasttid som jag hade över zoom.

Nu är hjärnan kokt, stekt och väl friterad.

Jag är medveten om att jag har svårt att skriva numer. Det kräver flera omtag bara för att skriva ett lite inlägg på en chattråd, och då brukar de ändå inte bli helt rätt. Får frågor om vad jag menar. Kul? Nej!

Har fått en ny ~~skrivning, skrjuskriven~~, sjukskriven, till sista ~~august, august.~~ Augusti! Det släppte genast på stressen. De ~~sneare –det.~~. Det går inta alls idag. Går ner för att hitta något att äta – och för att se Rapport.

Har försökt få bort mig som administratör på en Facebooksida. (Partigrupp) ~~Det gpr jag.~~ Jag ska inte längre vara ansvarig på vår sida. Snart har jag inga åtankare öh – nej – jag går ner.

## 2022-03-17 – Lumbalpunktion och huvudvärk

Andra försöket, fast nu hade doktorn röntgensyn. (Gjordes med hjälp av röntgen) Det krånglade lite, fast desto glada blev vi att det nu fungerade. Nu skickas det iväg i syfte att söka demensmarkörer…

Glada för att provet gick ta denna gång – börjar vi vänta på provresultatet. Både jag och maken är eniga om att n å g o t är fel – men vi blir inte direkt besvikna om det är demens…. Fast hjärntumörer eller blödningar, är ju heller ingen hit….

Jag dammar helst bara det bekanta utmattningssyndromet. Om jag så får önska.

## 2022-03-18 – Cellprover och magnetröntgen

Maken har tagit ledigt båda idag och igår. Tack Krister!

Vi börjar med cellproven. Helt bra vore det om de små cellerna har hållit sig snällt och fromt, i schack denna gång. Annars tycker jag att vi helt sonika plockar bort livmodern.

Efter att ha varit hemma en stund åker vi tillbaka till staden för magnetröntgen. Det är ett väldigt oljud därinne i tunnan, och jag måste nog få uttrycka, att den dåliga musiksmaken i lurarna inte gjorde upplevelsen bättre. ;)

Jag slås ännu av hur mycket som ges mig från det allmänna. Tack för att jag föddes i ett land som mäktar ta sig an 58-åriga, skröpliga tanter.

## 2022-03-20 – Huvudvärken

Huvudvärken håller i sig fast, sov faktiskt gott denna natt. Det har släppt en hel del men nu på kvällen kom det tillbaka.

I morgon ska jag åka till Uppsala med dottern, så jag hoppas att huvudvärken helt försover sig.

Och förresten – Jag klarade av vår genomgång av kvitton, kassabok mm. :) Försöker att inte ropa allt för högt, för jag

vet ju att demenssjukdom kan vara både lynnig och oberäknelig. Stolt söker jag …. hos maken. Tappade visst ordet…
Låter det vara och går ner för att se ännu ett avsnitt av en evighetsserie. En som inte kräver en hel bank (hjärnbalk/hjärn…. Lägger ner… mina resurser är visst slut för idag.

## 2022-03-28 – Corona

En oinbjuden gäst knockade både maken och mig. Kan sammanfatta den upplevelsen som onödig. Jag hade helt kunnat skippa den. Maken blev sjuk två dagar före mig, och han börjar må bättre. Kanske min också snart är över?
Hoppas att dotterns tenta snart är rättat och att hon klarade denna gång. Besöket i Uppsala gav också en möjlighet att gå fin en promenad längs ån, och sedan bjöd väninnan oss på fika med jättegott bröd. Både gott och vått (Kaffe). :)

## 2022-03-31 – Cellprovet
(Kollat av händelser och datum på 1177)

Idag kom svar på cellprovet. Återigen envisa celler som visar atypiska skivepitelceller, osäker innebörd/ASC-US samt annan högrisk HPV än 16 eller 18.
Ska komma för ny koloskopi.
Vad har jag sagt om det här!? Tycker mig attackeras från flera håll. Å andra så är jag förskonad. Sjukvården orkar

fortfarande med mig. Så gör också min man, mina barn, och min nära och kära.

Idag tackar vår vän här i byn, som såg till att vi kunde få lite ~~förnädheter, förnöj~~..., ~~förmäler~~.... Alltså mat!! Jadå Rie, du är visst inte den vassaste kniven i lådan.

Både maken och jag är ~~enivsa, enviga, envisa,~~ puh... övertygade om att det är något som inte fungerar i mitt huvud. Däremot *mår* jag så mycket bättre, när jag inte utsätts för stress. Hur gärna vi vill önska att det inte är demens, så kan vi omöjligt förbise att mitt korttidsminne är uselt.

## 2022-04-06 – Små dagar och kallelse till min dom

Dagarna är enkla och känner ännu av Coronan. Maken jobbar sedan fjärde april. Jag har avig hosta och är löjligt trött. Försöker pyssla lite med makens 60- års födelsedagpresent, och har hunnit pyssla lite nu när han har jobbat.

Fått kallelse till Äldrepsykiatrisk mottagning d. 27/4. Vid det laget ska alltsammans vara sammanställt m.h.t. tester och undersökningar.

Själv vet jag vet inte om jag vill följa med. Vill så mycket hellre stanna hemma med klisterstjärnorna, av olika storlekar och kategorier.

Blev idag så ~~uppslupen~~ (det är väl ett vanligt ord..?) av mönstret på kakelugnen. Kanske jag borde ha skrivit upptagen? Ja, vad vet jag – jag hittar på nya ord hela tiden...

## 2022-04-08 – Allmänt tantprat

Surtant av gammal hävd. Datorn har inget nät! Sådant har jag mycket svårt att hantera. Hittar jag den minsta ork, så måste förutsättningarna vara de rätta. Minsta störning så tappar jag orken. Det blir inte några stjärnor så långt jag kan se. :(
Ska väl ändå vara nöjd med att jag varit på vattengympa på förmiddagen, och fixat middag. Det är i sanning en bragd! Slog mig att jag mådde bra efter träningen och den sköna duschen. Ingen stress. Härligt! Analyserade det och kom fram till att jag hade rätt förutsättningar på förmiddagen – alltså inte pressas till mer än jag mäktar.

## 2022-04-11 – Syskon och svårt att handla

Lördagen blev fin. Maken shoppade jacka, skor och luvtröja. Jag tittade på. Lunch fanns hemma så vi köpte inget där. På väg till mammas hus och syskonen, så skulle vi bara handla lite på vägen. Efter att vi hade vänt tillbaka för att hitta glasögon med mera, så kom vi till Konsum. Maken hade koll på inköpslistan och på vad vi skulle ha med oss. Jag ville ha ett majsbröd, men då kunde jag inte avläsa vilket bröd som jag borde köpa mht hållbarheten. En enkel sak kan man tänka, men nej. Jag vände och vred men kunde inte avläsa vad det stod. En enkel sak som jag ju alltid kunnat, men så inte längre. Det var sannolikt ett helt litet cellnyste som hade poffat iväg. Istället för att kunna läsa datummärken, tycks jag istället skapat vit hjärnmassa, d v s ingenting alls. Maken hittade mig vid brödet och hjälpte mig. Inte på något sätt tycker jag att det är kul.

Bortsett från det så var det fint med syskonen och en promenad till badstranden.

Kommer på att jag borde ha gett mig en jättestor tröststjärna!


## 2022-04-12 – Tentavakt!

Bokade plötsligt ett tentapass. Var kom det från? Innan jag har fått diagnos (l ä s k i g t!!!), bör jag avvakta. Får boka av dem igen. Jag vill så gärna kunna sådant, och vara en person som kan uträtta saker. Jag ville också vara med, men det är jag ju långt ifrån. Maken blev förskräckt över att jag bokat tentapass. Han påminde mig också om att jag kanske är förtvivlad då, eftersom jag har fått min diagnos den dagen.

Har en liten brummande katt här bredvid mig. Kanske skulle jag smussla med mig en spinnande katt?

Nu blir jag ledsen för det jag tappat – och ännu har jag inte berättat om det till barnen. Jag vill inte göra dem ledsna!

Funderar på hur jag ska lösa det hela, så att min man, mina barn och mina andra ~~essentiella, viktiga,~~ äsch hittar inte det ord jag söker.

## 2022-04-16

Känner sig mig som en förrädare. Dagarna fylls med fel ord, ombyggda ord, eller ord som inte finns. Vissa dagar går bra, det är de som jag har det lugnt omkring. Springer som vanligt runt och letar efter mina persedlar (det enda ord jag kunds hitta).

Idag var det påskafton med mig själv, maken, yngsta sonen, syster och bror. Det var trevligt, men svårt för mig att göra de sysslor jag brukar, när vi har gäster.

I morgon kommer dottern och hennes man, samt makens syster. Yngsta sonen är redan här. Tyvärr blir äldsta sonen kvar i Lund (hade Corona), men vi ses på videolänk.


## 2022-04-18 – Annandag påsk och tillbaka till rutinerna.

Fin dag också igår p-å påskafton som också var 60-års födelsedag för maken. Ännu en milstolpe i livet.

Härligt att vara med de sina. Det blev en liten sammankomst, precis som maken önskat sig. Det blev jubilaren själv, frugan i stugan, dvs. jag. Till det var dottern med make, yngsta sonen, makens syster och så vår äldsta son som tyvärr inte kunde vara med p.g.a. Covid. Han fanns dock med på videochat, vilket gjorde att det kändes att han ändå var med.

För mig uppstod problem då jag hade svårt att läsa recepten/förstå dem. Fick be gästerna lämna köket och sätta sig i vardagsrummet, vilket var helt ~~nedförigt, nedvändigt,~~

hmm, ah – n ö d v ä n d i g t! Hade hjälp av yngsta sonen redan, men maken fick diskret hoppa in, eftersom jag mest bara snurrade runt.

Duktig tant ändå. Gjorde mitt bästa. Tycker att det får bli en liten silverstjärna för det.

Svårt med språkigt, det språkliga. Hakar mig och bygger nya ord – eller bygger om be

Sa sotfar – istället för farsot. Det är tydligt att jag har problem, men ännu tror jag, att de tror det är utmattning. Vad jag tror vet jag inte. Jag vill inte vara demenssjuk! Både för mig – men mest för mina egna. 10 dagar kvar till diagnos. Det tyder på det eftersom att jag blir mer och mer förvirrad allts som tiden går. Och då är jag ju ändå sjukskriven, vilket inte bli värre ah… Orkar inte ta mig ut ur denna meningen.

Har som ett tryckande band runt huvudet när jag anstränger mitt huvud. Jag riktigt känner hur hjärnmuskeln (hmm..) jobbar.


## 2022-04-18 – Avslöjandet.

Tyvärr – vi hade hoppats att vi kunde dölja min ev. demens, men när maken körde yngsta sonen till tåget så tog sonen upp det. Maken svarade lite luddigt om att jag ju hade varit något snurrig ett tag, och att det ju kunde bero på utmattningen. Inte alls bra. Känns som vi ljuger, men vi behöver skaffa en sköld som skydd, för att kunna orka se deras sorg. Var hittar vi en sådan? Har nu gått en lång promenad med maken och pratat. Ledsna är vi, men vi tror att det ändå är bäst att avvakta till jag får diagnosen. Klarar jag fram till d. 27/4 – så bör jag få megastora guldstjärnan!

Äh.., vi är ju redan avslöjande! (Bygger ordet fram och tillbaka – stavas avslöjande verkligen så..?) Sådant tar tid för en trött/avslagen/halvdöd/ hjärna, att greppa. Skit i det – i min egen bok för, får jag skriva som jag kan. Inte som jag har kunnat, utan som jag är nu.

## 2022-04-21 – Korsordet

Nu när jag är hemma mest så roar, oroar (?), med korsord. Tänker att min hjärna behöver motion. Eller hellre vila den? För säkerhets skull satsar jag också på promenader med solsken (gärna), och hör fåglar och barn som leker. Katten Melina går gärna med på promenad. Det gör Katten Fisen också, men hon är rädd för Melina… Lyckades dock att ta en promenad med henne också.

Där tappade jag bort det om korsordet. Skrev tinnutis istället, istället för tinnitus. Det är ju inte mer än två bokstäver, men i ett korsord blir det dumt. Så är det hela tiden. Jag bygger innovitat, innovativt, blev det rätt nu?

Ja korsorden…, jag klarar korsorden till viss mån. ibland ser det ut som franska, tyska eller vilket annat språk som helst, som jag inte förstår. Andra får jag ihop, inte allt, men själva lösningen. Blir jag allt för trött så finns det ju det berömda nätet. Tänkte precis sätta dit en smiley som blinkar – men nu kommer jag inte på hur jag får fram den. Puhh…., ingen guldstjärna heller idag!

Nu spänner det i huvudet av allt hjärnarbete. Dags att göra något praktiskt. Något snällt också för tantkroppens alla krämpor.

Sex dagar till jag får diagnos!!

Bäva måtte jag – och mina nära och kära! Det känner som att jag… äh..det blev jobbigt nu..skulle heller inte skriva mer ju… gå ut nu i solskenet!

## 2022-04-21 – Guldstjärna!

Ha – lurade till mig, en stor, jättestor, gigantisk, g u l d s t j ä r n a! Började skriva detta direkt efter förra stycket. Klurigt att göra så. För då hann jag inte göra någonting alls, innan jag ställde till det. Ha! Klurigt värre. Ska suga på jättestjärnan resten av dagen. :)

Man får se till att vara slug när man är körd!

## 2022-04-24 – Bra helg

Varit på vattengympan i fredags. Skönt. Oroar dock mig för hur jag ska kunna ta mig till ex. vattengympan. Lilla bilen är bra att ha när jag ska på något. Annars blir det svårt för mig att ta mig dit jag behöver. Redan i början av min utredning ställdes frågor om vapen (har jag inga), och om körkort. Något jag ju har, och hemskt gärna behåller. Fick veta att jag kommer att få köra upp varje år för att behålla körkortet. Tänker att livet mitt blir allt mer avgränsat. Förstår så väl att det måste vara så att det måste så vara, men snälla, snälla…. Låt mig vara utbränd, grillad, eller förkolnad istället… eller kanske en sothög. Njae…kanske inte helt kul det heller. :(

I övrigt en trevlig helg där jag och maken fick det gjort som vi ville. Var också på pyjamasbesök hos vännen och det var bara bra och trevligt. –Men – så snart vi var ute i bilen, så tog tankarna över igen.

I dag tog vi premiärcykelturen, vilket var fint. Måste variera mina aktiviteter då mina krämpor måste ha vilodagar, för de som för dagen har mest ont.

Tre dagar till att jag får diagnos!


## 2022-04-24 – Dagen före D-Day

Kan inte fokusera på någonting alls. Vill bara få det över…, och där försvann ordet. ~~Översträckt, överståndat,~~ skärp dig Rie! Överstått?

Vill vara färdig med minnesproblem, orden, och allmän förvirring. Jag lovar Er en ~~enolge,~~ eloge om Ni har en quick fix, så att jag blir mig själv igen. Hur ska jag få kvällen, natten och morgonen? Får nog att svårt att sova inatt. Jag vill inte vara med detta!

Pratade i telefon med yngsta sonen i går. Jag svarar på att jag ju har kronisk värk och utmattning. Jag ville att Ni skulle slippa det halva år, då jag har varit på utredning. Blir illamående på vid tanken.

Kan man helt hoppa över morgondagens pina!? Jag vill ha många jättestora guldstjärnor som tröst!

En dag till att jag får diagnos!!!

## 2022-04-27 – ~~Diagnsiterad, digoniserad, diagnisterad.~~
Inte stavmöjligt tydligen.

**27/4** – Nu diagnostiserad och inget annat än det. Vi lämnar den geropsykiatriska mottagningen som två utblåsta ägg. (Ägg?!?) Vad gör man efter ett sådant besked? Nu vet jag – man funderar på om man ska ta en fika och inhandla diverse. Jag tittar på några plagg i en butik. Vad annat kan man göra? Fikat på Röda Korset ger energi till fler inköp. Handlar mat med oss hem i en stor mataffär.
Sätts in på Rivastigmin 1,5 x 2

**28/4** – Ångest – ringer, och ringer till syster. Ska ringa och berätta för barnen. Vill inte göra dem det. Jag hatar det, hatar det, och *hatar* det! Barnen kommer hem.

**29/4** – Tillsammans är vi i gråt, kärlek och ~~framförsikt~~, tillförsikt! Sikket travel! Inte kände vi tillförsikt i detta skede. Däremot åker vi till Algustboda och planterar vi nya blommor på mammas grav.

**30/4** – Vaddå brasa? Vi försöker hitta nytt sätt att vara! Hitta

nya ~~possioner~~, ~~postissioner~~ – vad heter de nu då? Positioner?
Vem är vem i detta nya?

1/5 – Så lång tid tar det att ta emot en oönskad diagnos.

P.S. Det *borde* verkligen heta framförsikt. D.S.

## 2022-05-03 – Vardag igen! (Pyttsan!)

Äter ensam hemma. Någon måste ju jobba... Vilar mitt
huvud i tystheten. Katterna är båda ute i solskenet. Försöker
en lösning, men sådana finns inte för Alzheimer. Problem
sägs vara för att lösas. Tjae – det verkar inte sant. Synd är
det, men sant är kanske ett bättre *ord...öh...* sådana där
skrivningar med kloka meningar. ~~Ordlekar~~, ~~lekord~~ äsch – jag
har ingen aning om vad de heter.

Dags att gå ner och se om vi behöver något handlat. Maken fixar själva inköpet. Kanske maken kanske vill gå en
promenad ikväll. Eller kanske vila de onda fötterna efter alla
(fina) promenader, senaste dagar?

Antecknar också att bananer inte ska läggas i kylen.

## 2022-05-06 – Lugnare i mig

Promenerar, både med maken, och dagen efter med vännerna. Bakat och bokat promenad med finaste vännerna. Berättar om Alzheimer. Vi skrattade, grät om vart annat. Det blev en fin stund i det fina vädret. Jag hade bakat godiskaka som jag hade bakat innan. Också idag har vi kommunicerat om, allt det nya.

Jag promenerar, och promenerar mest varje dag. Vattnar små krukor att se på.

Dottern vill ge oss varsin test som kollar alla vitaminer, ~~meniriler, meterieler?~~ Vad heter det!?! Ahh – ~~m i n a r i l e r~~! Nej – det blev också fel. Koncentration nu! Mineraler! Yes – där satt den! Ja DotraMi – det låter jättebra med dottermys, tester, lunch och promenad!

Idag ett lugn över det hela. Har inte varit särskilt stressad och känner att det har lättat lite grand, nu när de som ska veta, har fått veta. Fina mostern tror att hon har ~~misstän,~~ missförstått – för visst är det väl också så, att det inte är helt vanligt med demenssjuka 58-åringar.

Började med vattengympan, som ju ger mig både motion – och – avslappning. Sov en liten timme på eftermiddagen. Tänker faktiskt ge mig själv stora silverstjärnan! Inget tryck heller runt huvudet idag. Helt ok, jag saknar det inte.

I morgon ska vi väga oss – och puuuuh! Högsta vikten någonsin! (Förutom vid graviditeterna)

## 2022-05-08 – Bakning och klinker

Apotekardottern skickar info om vad hon tycker att jag ska ha för mediciner. Klokt. Ska be henne lista att ta med till min läkare.

Nere jobbar Krister med klinkret (alltså klinker) till entrén, tillsammans med fina Dorthea som hjälp. Jag har bakat och pysslat och gick nu upp en stund för att skriva. Igår var vi bara hemma, med tvätt, pyssel med blommor etc.

Idag bakar jag som sagt, och det nyare är att jag har mycket svårt att få ihop receptet. Det har varit så de senast månaderna. Jag försöker göra det ~~pedagkoskt~~, ~~pedagisiktigt~~, p e d a g o g i s k t! Blev det rätt nu så att jag klarar det? Jag går hela tiden till nästa impuls som dyker upp. Jag är som en ~~mästardtektiv~~, mästerdetektiv som hela tiden måste läsa av rummet och de ledtrådar jag har – eller inte har.

Nu ska ställa fram mat till mig, maken och Dorthea. Sedan ska vi avsmaka dumlekakorna som jag har bakat. Även igår gick bra. Fast förståss, arbetet med boken (inte denna), går sämre…. Nu mat!

## 2022-05-09 – Sol och städning

Sitter uppe och skriver medan städfirman är här. Gott att ha dem! Jag plockar med det jag kan. Noterar att jag har haft mer energi senaste dagarna. Var kom den ifrån!?! Jag passar på att buga och nicka (säger man så egentligen..),hmm? Nicka och buga kanske?

Tillbaka till energin. Min värkande kropp och skrumpande hjärna, tackar för gluggen av ork. Är det ändå så att bromsmedicinen hjälper mig? Men hur gör den det!?

Tänker haffa en promenad idag innan tröttheten kommer ifatt. Sol, vind och ..., ja Ni vet. ;)

Apotekardottern skriver att hon har sagt upp sig! Bra! – Men..., sådant gör mammor oroliga också! Ekonomi, ekonomi, och så vidare. Ger mig själv en liten guldstjärna för min del av städet, d.v.s. bädda rent, plocka undan, fylla på tvålarna, och hänga upp handdukar, grytlappar, diska kattskålar, osv. Jepp – Jag ä g e r ju! :)

Stressen lägger sig för varje dag som jag inte måste söka jobb, prata med myndigheter, prestera etc. Lever till övervägande i huset.

## 2022-05-12 – Kollar försäkringar och sorterar papper

Är bara hemma. Känner mig tryggast här. Ringde ~~försäkringsboken~~, försä...äh, mitt ~~försäkringssätt~~. Jag vet inte vad det heter. Där man är försäkrad. Som man betalar för. Det var svårt att förklara alltihop för dem. Stakar mig och känner mig dum. Får nog be maken vara behjälplig.

Annars sorterar jag papper. De är många! Tänker att jag tar bort 10 papper eller så varje dag. På så vis blir det lite mindre för de mina, med allt.

Kör fem liv i Candy Crush istället. Börjar bli hungrig. Tjock är jag också, jag växer dag efter dag.

## 2022-05-16

Helgen bjöd på Pride i Växjösol. Sedan en tur på torget köpte lite blommor, innan vi tog en fika inför baddräktssök. Efter ett tag hittade vi exakt nästan baddräkt, fast då en som inte har tappat ~~elicastionen, elictesiatien~~, äsch, jag har ingen aning om hur man säger det ordet. Det ligger på tungan hela tiden, men kommer inte längre.

På kvällen kom Dorthea och vi hade pyjamaskalas och åt god paj som Krister ordnande till oss. Självklart hade vi poppat popcorn till Let's Dance.

Fått ett par promenader i fina vädret, och gläds över vårt klinkergolv som snart är färdigt.

Idag var jag hos tandläkare, apotek o c h gått in och småhandlat. Alldeles ensam! Tror inte att någon märkte mina begränsningar. Hos tandläkaren gicks medicinerna igenom – och då ville jag inte ljuga om mina bromsmediciner. Plötsligt hade jag ~~förnimtats~~, förminskats! Inte av tandläkaren eller av tandsköterskan, utan av mig! :( Är osäker på hur jag ska hantera mina begränsningar, och då särskilt de kognitiva. Gamla krämporna är som de är – ja, och det gör väl cellerna också. Flera gånger under dagen ser jag hur en cell poffar – som i en serieteckning.

Vill ta tag i avskedsbreven till barnen, men slingrar mig som en snok. Orkar heller inte ta tag i mina önskningar m.h.t. sjukdomens progress, och kommande behov av vård. Alltså – v e m vill egentligen göra det?

P.S. Har bantat hela dagen! :) = Glitterstjärna!

## 2022-05-18 – Bromsmedicin – blodtrycksfall – eller…, vad..?

Var i vanligt skick vid uppstånden, (märkligt ordval – och ej helt korrekt). Jag var i vart uppstånden i gott Rieskick. Det vill säga allmängt värkig, skruttig och virrig. Åt frukost, ringde tandläkaren och så ringde psykiatrisksjuksköterskan från Geriatrisk mottagning. Dags att höja dosen till nästa nivå. (Första insättningen gick helt utan ~~biviknkaar..~~, biverkningar). Glad i hågen tog jag alltså 2 tabletter Rivastigmin Orion, 1,5, i stället för 1 tablett som jag har gjort sedan 3-4 veckor.

Hade lovat maken att måla några dörrfoder (Yes – vilket ord jag kunde!) Det var varmt i verandan men det var ju bara ett litet brädjobb. Sedan mådde jag illa. Dumt ju att måla i värmen, något som jag inte orkar så bra. Hade dörren öppen ut, jo men det ska nog gå.

Men…, fick jag plötsligt hastigt panikångest? Tog mig till soffan, mådde förfärligt. Det kröp i mig, kände mig yr och darrig, magen körde och jag var illamående. Det tog mig 1,5 timme innan jag förstod. Det var ju dagens upptrappning av bromsmedicien. Ett ca 1,5 timme vågade jag mig upp ur soffan och hämtade vår blodtrycksmätare. Jag var nog inte inbillningssjuk. Det höga blodtrycket var 117/97. Ja, jäflar, vad det satte in.

I morgon fm, ska jag laga om en tandlagning som gjordes igår. (Som sedan föll ut…) Ska ~~definivt~~, definitivt, vänta med bromsmedicinen tills jag är hemma igen från tandläkaren. Hoppas verkligen att biverkningarna trappas ner, för så här kan jag inte ha det. Hoppas också att min kvällsbromsmedicin till kvällen, och inte ackumuleras….

Nu ska jag ta mig ut lite i trädgården och vattna våra krukor, och kanske sedan gå en liten promenad med en katt. ( Eller – hur kul det vore, om bägge katterna följde med!)

Tar tillbaka ökningen av Rivistigminet efter några dagar.

## 2022-05-20 – Omlagad tand och luktsinne

Lagat om tanden igen, ngt som tandläkaren stod för. Gick självmant in i Konsum och handlade, utan att jag kände för mycket stress. Är orolig att virra till det så att andra ser det. Löjligt egentligen. När jag föll i trappan och skadade axeln, hade jag inga dubier med att gå i affärer m.m. Enda anledningen till det måste vara, att det är värre när man är sjuk i huvudet, vilket jag ju faktiskt är.

Mår bättre sedan vi plockade bort den extra bromsmedicinen, men oroar mig för hur det blir när jag ska öka. Först skulle jag i alla fall vara i gott skick innan vi ökar igen. Maken var på anhörigstöd och de kom in på mitt luktsinne. Det har ju varit så i minst 1 år. Vet inte riktigt när. Men det kändes som att det var lite ovanligt att lukten kom tillbaka. Betyder det något?

Nu är jag i alla fall en fena på att nosa! Tycker allt att jag borde ta mig en stor jättestor stjärna!

Var på vattengympa på förmiddagen, och ikväll tog vi en mellanpromenad.

Ser fram emot att se sönerna som visst kommer på söndag! Glad också över att Simon har fått jobb, att Belle har semester, och att Alfred mår bättre än nu. Har målat på verandan. Har jag nämnt att mina målarbyxor suger. Benen är allt för långa, (med ca 15 cm…), är allmänt obehagliga, och så kan man inte dra byxan hela vägen till grenen. Som kuriosa så skapas det ett veck framtill, som liknar att jag har snopp. Tjae – vad ska jag egentligen tänka om det…? Glad i alla fall att nya baddräkten funkade fint. :)

## 2022-05-22 – Tyska grannar och jag bliver tyst

Vi målar och fixar. Lördagskvällen hade vi hos Dorthea som bjöd på goda varma mackor och farligt god efterrätt. Vi såg Let's Dance i pyjamas, så som seden bör. Mysigt även om jag förvirrar mig. Som vanligt när vi kommer ut i bilen för att köra hem, så pratar vi genast om Alzheimern.

Över på dofter och tycker det går bra. (Redan fått Guldstjärna för det!) :)

Söndagen målar i verandan, och pysslar med hur och hem. På söndagskvällen blev vi bjudna på våra tyska grannar, vilket är omöjligt för mig. Jag kommer med olika läten, fast inga som någon kan förstå. Mixen av tyska, svenska, engelska och danska gör det omöjligt. Det har varit svårt hela tiden genom åren, men det har definitivt blivit värre och värre.

Är stressad precis nu, eftersom jag väntar på städet, väntar på samtal från Geropsyk, och börjar bli trött. Har också pratat/skrivit, med sönerna, maken, dottern, vännen, andra vännen, och vårdcentralen ang. mina mediciner. Puh… Det har alltid varit jag som skött logistiken vid träffar etc. Men nu klarar jag nog inte så länge till. Men så blev måndagen. Funderar mycket på var jag ska bo – när jag inte längre bor här.

## 2022-05-25 – Stora barn, och stora barn och respektive

Killarna kom vid 20:00-tiden. Mysigt :).

Dagen efter kom också Simons flickvän. Allt bra förutom att min hjärna snabbt tar slut. Är extremt o-inte- äh, vad försöker jag skriva...? Att jag menar att jag är uttröttad fort. Efter maten gick vi en gemensam promenad. Mysigt och skönt att promenrea.

Idag har jag pysslat med diverse, och har slarvat bort en liten laddare till min klocka, (pulsklocka typ). Letat och letat och letat. Irriterande. Är också förvirrad m h t mina mediciner. Jag kan verkligen inte hålla sådant i huvudet.

I morgon ska vi åka till Spa – och äta lunchbuffé på Linnéa Art hotell. Alla tre barnen, en flickvän och så jag och maken. Ser fram emot att vara tillsammans och göra något trevligt.

Sörjer mina celler titt som tätt.

## 2022-05-28 – Tillsammanstid och familjebad

Har haft fina dagar med sönerna och en flickvän på besök. Varit med varandra, lagat ~~med~~ mat och promenerat. Härligt att ha dem hemma, även fast jag blir väldigt trött i huvudet av prat och andra människoljud. Lägger mig en halvtimme eller så, för att skaffa energi. Det lyckas inte alltid så bra... Skulle däremot inte vilja vara utan deras besök!

På ...-dagen – var vi på Spa allesammans – också vår Isabell som slöt till i Kosta. Efter det åt vi buffé på hotellet, och därefter det, så kikade vi runt både i glas- och klädaffärerna. Det blev inte så mycket handlat, tvärtom – jag lyckades ~~förlorat~~, förlägga mina glasögon!! Jobbigt med stort J!

Ska strax ner och äta en pastaröra som jag gjorde ~~idag~~, nej igår ju! Sönerna har åkt och huset har blivit tystare.

Några celler har jag ju bevisligen kvar, men allt för ofta, har jag precis behövt en specifikt bra cell, som jag precis blivit av med. Kammar noll som man brukar säga! (Kan egentligen inte påminna mig alls om, att jag använt det ~~ordsättet~~, öhe vad heter det.. någon gång alls.)

Kan det vara så att jag använder andra ord nu, det tycks komma många gamla ord fram, sådana som flutit runt i hjärnan någonstans? I så fall – Bra med restkrafter att ta till. :)

Lite senare ska jag skriva i min andra bok – den som det börjar bli ont om tid för. Har backupp av barnen, maken, systern m.fl. Den ska bli en bok, d.v.s. jag h a r skrivit den, men den behöver genomses (igen), och kortas ner. Puh... nu går jag ner och äter.

Har fått en cool katt av Isabell – som nu står i verandan, och idag en fin buske av Simon och Alfred, som har gula blomster som blommar på våren. Var nämligen avundsjuk på dem som hade sådana i trädgården.

## 2022-05-29 – Pizza och buske

Trädgårdspyssel i gott väder. Presenten från sönerna har kommit i jorden. :) Jag har pysslat lite med sådant som kropp och knopp kan klara. Och just nu kommer jag på att jag inte har hängt upp tvätten....
      Vi har också gått igenom ekomin, och inte heller där funkar det så bra. Jag har svårt att förstå det. Särskilt om jag redan har använt huvudet till något annat som kräver skärpa. Krister får hjälpa till.
      Till kvällen möttes med vännerna på Pizzerian i Kosta. Gott och trevligt. :)
      O c h – mina glasögon ramlade ner ifrån…? Plötsligt hörde jag ett ljud och tittade efter – och då var det mina glasögon! Tra la la la la! Möjligen hade jag lagt dem i min jackas huva. Så skönt. En fin dag i stort sett.

## 2022-05-30 – Lugg och regnpromenad

Klippt mig i byn, och på så vis kommit med lugg. Ett par hundra billigare och slapp körning till staden. Helt ok! Fick lugg på köpet, något som jag kanske/eller kanske inte, blir nöjd med. Det återstår att se.

Promenad i regnet med vännen Dorthea, och efter det inmundigade, (ja jösses vilka ord jag halar fram...), vi morotskaka och havrekex. Har klarat mig på det i ett antal timmar, men nu börjar magen bullra och vilja ha mat.

I kväll ska jag öka medicinen, vilket jag bävar för. Det var ju alls inte skoj, när vi provade sist. :( Hoppas att det inte måste bli så igen... Ökar upp Rivastigminet till 1,5 mg på morgon och 3 mg på kvällen.

Inte ställt till med något idag.


## 2022-06-01 – Logistik på flera håll.

En dag med mer logistik än vad jag egentligen orkar. Tel. samtal angående det höga blodtrycket, som i sin tur, kom av att jag fick högt blodtryck av bromsmedicinen. Jag håller fast vid bromsmedicinen ännu, men kommer kanske över på en annan medicin.

Barnen ville alla tre ha anhörigsamtal, så jag har skickat deras tel.nr, så att Geropsyk kan kalla dem. De vill ha det tillsammans alla tre, vilket jag tycker låter bra. P.g.a. avstånd/jobb/studier, så kan mötet via länk. Bra.

Har också haft min läkare ang. mina mediciner, som Isabell också har koll på. Hon hade ju några synpunkter ang. min medicinering. Bra att min doktor och min Belle fixar med det. :)

Administration och logistik, har varit min öh... hittar inte ordet. Försöker att förklara att jag inte kan det så bra längre. Det riktigt känns hur de stackars cellerna jobbar för att få ihop det.

Gick en lång promenad med Krister i kväll, och igår hade jag sällskap av Camilla. Har också – äntligen – beställt nya jobb-byxor, eller snarare målarbyxor. De jag har haft innan gjorde mig arg och irriterad. Ungefär allting var obekvämt i de byxorna. Tycker annars om att ha lite målarjobb, d.v.s. om allt är i rätt höjd osv. Skröpligt värre är det ju.

Tänkte idag på att mina dagar borde kännas kortare, m.h.t. att jag ju glömmer en hel del av det som sker. Men nähe…. Jag tycker faktiskt att dagarna är lika långa, som de var förut.

P.S. Min bortkomna lilla laddare till min öh…sådan där klocka som räknar steg m.m, har kommit fram igen. Sympatiskt gjort av den lilla sladden. D.S.

## 2022-06-07 – Pingst – och flera dagar utan skriv.

Idag besökt svärmor och tagit ut henne i solen i rullstolen. Svårt när hon inte återkopplar. Hoppas att hon uppskattade promenaden, pratet och blommorna. Därefter besökte vi matmässan på torget. Det var trevligt och gott! ;) Råkade att köpa ett par Everest byxor, som jag spanat på håll, d.v.s. jag har spanat på nätet. Nu hade jag tur och fann det jag ville ha, på rea.

Inser att jag har svårt att överblicka min ekonomi, vilket inom en tid någon annan (Läs maken) måste sköta. Nice. Passade på att handla mat också.

Pingsten har annars varit fin, trots att jag tydligt känner av min förvirring. Jag ser mig själv från in/ut – och ut/in.

Pinsamt är det när jag inser att jag snodde med Simons solglasögon. Å andra sidan så glömde jag ta med mig grejer hem, som faktiskt var mina, hur gött är det egntligen på en skala, att känna sig ofungerande? Svar; Inte kul.

Glad ändå för syskondagarna tillsammans.

Hade också pysseldag med tidigare …..(?) ~~aktiv~~…, ~~läke~~~~ter~~.., ~~kalleg~~.., Kollegor! I did it! :) Det var trevligt på alla sätt, förutom att jag måste ta emot hjälp, för sådant som jag annars klarat tidigare. Känner mig utpekad som hon som inte kan mera, utan får hjälp att fungera. Det tidigare intellektet falnar och faller, cell efter cell. Just nu undrar jag om jag tog mina bromsmediciner nu ikväll? Kollar det strax.

Har konstaterat att mitt undertyck nu ligger på 110! Måste absolut ringa så att jag får annan medicin – eller kanske lite blodtrycksmedicin.

Helgen blev tröttande också, men i morgon ska jag vara hemma ensam hela dagen och tänka ifatt. (Eller leta efter mina saker och borttappade celler). Ger mig själv en Jätte Stor Guldstjärna – Bara för att jag kan!

Kan inte riktigt se att de sista åren kommer ge mig mer än, en serie av förminskning, förlust och förnedring. Jag har lagt undan värktabletter, som en utväg, men som jag kanske glömmer bort. Annars får jag hänga ett valt datum på kylskåpet. Fast – vad händer det då…? Orkar inte lösa den nöten nu. Lösa en nöt? Ni ser, min hjärnas funktion är ett lotteri! Funkar/funkar inte?

Dags nu för trötta huvud och kroppar, att komma i säng. Drömmer väldigt mycket när jag sover, men som väl var, inte så många mardrömmar. :) I morgon ska jag vare ensam i huset – kanske jag rent av springer på mig själv?

## 2022-06-08 – Ont och sorgcell

Kroppen ser till att jag glömmer min cellförlust. Ändring av medicinering gör att värken inte släpper någon gång, ens en liten stund. Varje enstaka värkstund går an, men när den *aldrig* släpper, så tappar jag orken att orka. Dagen blev så där, kändes plötsligt så påtagligt att jag inte fungerar. Stackars Krister fick hjälpa mig med både en faktura som jag har tappat bort, och hjälpa mig att skicka tillbaka ett plagg som inte passade. Så är det hela tiden. Jag klarar mig inte så bra. Jag lagade i alla fall mat – och matlådor – så att vi inte behöver laga de närmaste dagarna. Lyckades att inte skryta över min bedrift. ;) La la la – Stjärnfall!

Har fortfarande inte kunnat öka upp min bromsmedicin, pga blodtrycket. Plack på plack i stora pack...

I morgon åker jag med som ~~samsdam, salska,~~ tänk Rie! Jag ska i alla fall åka med dottern till Uppsala där hon tentar. Glad över att sonen har fått anställnings...hmm.. papper..? Äsch – Simon har i alla fall fått sitt första jobb som civilingenjör. Bra jobbat!

Är trött nu, och har ont. Idag kostade jag på mig en skvätt tårar, över mina döda celler. Inte mycket och alls inte länge, men ändå.

Nu kom jag på det – jag ska med som sällskapsdam! Bäst att jag lägger mig – så att jag inte är en surdam istället.

## 2022-06-15 – Ensam hemma

Av någon anledning tar det mot att skriva. Kanske är det för att jag hellre vill se på serier (danska och isländska) och äta glass. Kanske jag har fått diabetes 3 av att äta för mycket socker – och just socker är min last! Hoppas att något sockerkorn ursäktas av att jag tänker mig en långpromenad...?

Inser att jag måste boka tid hos optikern, för det är mycket svårt att läsa på skärmen. I förgår var jag hos arbetsterapeut och nappade på några av deras hjälpmedel. Mest av allt behöver jag hjälp att hitta mina 3 glasögon (behöver alla), och min mobil och min..., nu har jag glömt det. Minns att det är tre grejer. Nycklarna är lättare att hitta.

Denna vecka är jag ensam hemma, då maken är på semester med en vän. Bra! :) Än så länge klarar jag mig själv. Visserligen har vi handlat så att jag klarar veckan. Har bokat promenadtid i eftermiddag med Camilla.

Var i Uppsala med Dottern ett par dagar, så denna gång hade vi lite mer tid. Jag hade en fin dag med Rocita där vi shoppade, åt lunch, shoppade mer, och var på konditori. Mumsigt och trevligt på alla sätt. Vi hade turen också att vädret stod oss bi, och att vi på bägge ställena fick bra ute platser i det alldeles perfekta vädret för sådana förehavande. Dottern vilade sig på hotellet efter tentan, och efter vår kvällsmat såg vi lite på tv – innan vi masade oss in på gymmet. Naturligtvis slarvade jag bort mina glasögon, men till sist hittade hon mina glasögonen mitt på golvet i gymmet!

Hela helgen har vi letat efter saker. Det är näst intill ett heltidsjobb, Finns det inte i någon bok om sakletare? Pippi? Eller...? En sådan sak skulle jag i alla fall vilja ha.

Nu ska jag fixa mig lite mat i köket. Är naturligtvis lika ledsen över min diagnos som innan. Också över att jag inte klarar saker som jag har kunnat tidigare, men långt här inne tittar jag ut och betraktar skeendena. Det konstiga är att jag ser mina »fel« i efterhand. Borde jag då inte kunna rätta till dem innan jag gör dem..?

Ah – nu kom jag på den tredje – det är medicinerna! Det är riktigt rörigt på den fronten... Har skickat efter en dosett som jag ska hämta ut här i dag, det kan nog underlätta. Om jag fixar det där med koden och hur jag får ut den....

Rivastigminet ökas upp till 3,0 mg morgonen och 3,0 mg på kvällen.

## 2022-06-20

Inte mycket skrivit, men desto mer inom mig. Har sonen Alfred, som har pojkvännen på besök. Senare idag kommer också Simon, så då blir det fart i stugan. Krister – är åter hemma från tyskland sedan i lördags. Det är trevligt när vi är tillsammans, samtidigt som jag måste se till att få stilla stunder för att hålla ihop.

Planerar så gott jag mäktar med inför midsommar, och har insisterat på att vi ska ha midsommar hos oss. Jag vet ju inte hur lång tid det tar innan jag inte klarar en sådan tillställning mer. Alla införstådda att alla har med något, (sådant som vi efterfrågat), till maten. Det blir säkert jättetrevligt. :)

Förutom en stress/ångest/medicinbiverkning, är jag ok fysiskt. Alltså med mina mått..... Väntar en läkartid från min läkare i e-m, och vet inte riktigt varför... såg tiden på 1177. Kanske det handlar om mitt bltr. Som numera inte är så bra. I mig är det upp och ner. Jag låter det vara mer bra än dåligt. I timmar räknat. Så halvdant är det, men jag vet ju att cellerna poffar en efter en. Det är osmakligt att betrakta sina reduktioner undan fö.r undan. Ska visst få ytterligare en bromsmedicin, men det får jag inte förrän jag har fått tagit ett EKG. Det är inte alls lätt för en dement att rodda i det...

Just i denna stund är jag ok, men faller (inte bokstavligt), flera ggr/dag. Det är ju en dödlig sjukdom som kommer att förminska mig och mina förmågor. Det skrämmer att jag har både huvudrollen, samtidigt som att jag sitter på första bänkrad och betraktar pjäsen.

Just nu är städfirman här. Jag sitter uppe vid datorn. När de är klara ska jag äta lunchlåda vid TV:n. Senare ska jag måka bräder som Krister har lagt upp på pallar så att jag kan jobba i bra ställning. Känns jättebra att stå och måla och kunna göra något konkret. Lite musik på det så kännare jag mig som en målarmästare. :)

Har jag nämt att jag har lyckats komma upp i nästa steg i min bromsmedicinering. Nice.

Nu tackar jag för idag, och hoppas på att få mat snart.

## 2022-06-23 – Midsommartid

Tre killar i köket och spelar brädspel, medan jag har satt mig vid datorn uppe. Har varit på vårdcentralen och mätt blodtryck och tagit EKG. Lågt tryck och enl EKG-apparaten så hade jag ett normalt EKG. Skulle ta det för att jag då skulle kunna få ytterligare en bromsmedicin. Haft tre grabbar/unga män, i huset flera dagar, och det har flutit på bra. I morgon ska vi ha midsommar hos oss, något som jag har velat, för jag vet ju inte vad jag kan klara nästa år.

Solen står oss bi. Ser ut att få finfina midsommarvädret. :) Tänker på dottern som nu är på intervju. Vore så bra om hon fick jobba mer med sin Apotekarkompetens och inte bara mata ut mediciner (och nagellack), utan få grotta ner sig i medicinerna.

Ska strax ner och ta tag i förberedelser, och strax kommer Krister hem och ska pausa en stund, men sedan tar vi tag i det. Jag har redan plockat fram dukar, servetter och annat som ska till. Idag åker Alfreds pojkvän, tillbaka till Malmö, men sönerna Alfred+Simon är kvar till i morgon. På självaste midsommardagen är de med vänner. Vi kommer att vara 9-10 personer hos oss, om nu alla kommer som sagt.

Har tappat bort/gömt några mediciner tror jag. Jag vet inte. I alla fall så kunde jag inte få ut fler. Kanske jag faktiskt behöver medi…, påsar, alltså sådan små plastpåsar med medicinerna i. Det bär mig emot. Vill få vara självständig, (sådär..), ännu ett tag.

Konstaterar ännu en gång att Alzheimer inte är något att traska, hoppas, äsch, tappade ordet.

Glad midsommar – Skit i spriten, men spar aptiten…. – till jordgubbstårtan!

## 2022-06-26 – Dagen efter dagen efter midsommaren

Allt gick som det skulle. Jag hade så klart lite påslag av stress, fast inte så mycket. Alla hade med sig mat, dryck etc, så det var inte så mycket ändå. Härligt att vara tillsammans i det oerhörda vädret. Solen sken så pass att möblerna flyttades till skuggan. Helt enkelt en alldeles perfekt midsommar.

Dagen efter var jag spak dock… det hände inte mycket mer än att jag målade lite paneler och tvättade lite tvätt och plock. Ryggen – ja – och resten av kroppen, började trilskas fram åt midsommarkvällen. Inte minst för att jag spelade kubb, som ju kräver att man plockar upp pinnar från marken hela tiden. Så – ja – tanten var matt och öm. En lugn dag.

Idag åkte yngsta sonen hem till Malmö, fast nu är Krister och Alfred och besöker farmor. Jag stannade hemma och diskade och plockade, och sitter vid datorn. Trots kylanläggning så är det varmt. Funderar på en cykeltur framåt kvällen, fast jag eg. ska träna med Belle….. Får se hur jag får till det.

Demensen har varit i skick, och förutom diverse upprepningar, hackande m.m, så funkade jag bra. Gick iväg en liten stund och vattnade och få mig en hjärnvila. Har inte heller behövt så mycket hjärnkompetens för det – eller jo – jag försökte vika några servetter som jag inte har gjort innan som jag hittade på nätet, men det klarade jag inte. Sonen

Alfred var snäll och hjälpte mig så att jag fick ihop det. Tack skatten min!

Nu ska jag ta mig till under våningen igen, för värmen här uppe är för mycket för mig. Ska snart äta lunch – och då ska jag gotta mig med flera sallader, jordgubbar, potatissallad etc. Mums! Kanske jag ska invänta maken också?

Fick för mig att bläddra tillbaka och såg mina första anteckningar från 23/9-2021. Någon nytta har jag helt klart fått av bromsmedicinerna! Känns ju som en helt adekvat människa i jämförelse med då! (Helst hade jag så klart inte klaskat ihop sig i plack och dog massdöd, men än finns det att ta av.)

Ibland frågar någon hur jag kan ta det som jag gör. Mitt svar är att det är för djävligt – men ännu lever jag och har fina stunder. :) Så länge jag inte behöver för mycket kognitivt (räkna, skriva, betala räkningar etc), funkar det. Och ibland klarar jag det helt själv! Andra stunder kan jag inte ens det jag ännu kan....

Det värsta är när jag tänker på mina barn. Hade önskat mer tid med dem. Mycket mer. Å andra sidan så har jag fått så mycket mer tid än vad andra har fått. Så det passar sig inte att vara glupsk och hagalen! ;)

Gör ännu ett försök – Nu går jag ner och slutar att skriva!!

## 2022-06-30 – Förkylningen

Fick ont i halsen i måndags före vaccination. Sedan värre, och sedan lite mer. Nu är det d. 30/6. Var eg. inte alls sugen på att vaccinera mig, men å andra sidan är jag väldigt sugen på vår Skottlandsresa. Värre eftersom dagen gick, och sedan dess har jag inte gjort många knot. Har emellertid sovit mycket – och mest av allt; tittat på serier.

Funderar ibland på att jag kanske *inte* är dement, d.v.s. vid de tillfällen som de kognigava, ~~kognia~~, japp där sprack det. Jag klarar att skriva ~~kognitativa~~, nähe…, skulle verkligen inte ha skrutit över min ~~skrivävningar~~, s k r i v f ö r m å g o r! Där sprack det med en gång. Jo Du Rie – Nog är Du dement allt!

Sa igår till Krister, att jag inte har letat lika mycket efter mina saker senaste dagarna, men allt är ju relativt. Har ju vant mig vid det nya demenssjuka. Kunde i alla fall betala tre fakturor själv! (Sedan fick jag be om hjälp av Krister). Det går framåt – eller – det kommer ju att bli värre…. Tråkig karamell att suga på.

Varje gång jag tycker att det är rimligt bra just nu, så som det är – så hinner jag bara tänka på att det går an , och då slås jag av verkligen.

Ingenting av det jag upplever nu – kommer att gälla i morgon

Lägger mig igen, för att vila sjukheten och hjärnan, … letar efter ord… det där ordet när man vill vara…. effektiv! Yes! I did it! :)

## 2022-07-01 –

Här händer det inte för mycket. Små saker endast. Lunkade runt kvarteret med Krister, då jag fortsatt är infekterad. Tröttsamt ändå. Funderar på att skriva ett testamente/kontrakt m.h.t. hur länge vi kan/maken orkar, innan någon av oss måste flytta. Och det blir ju jag som måste flytta. Själv i stora huset är mer än vad jag kan klara. Å andra sidan lockar det inte att vanka fram och tillbaka i korridorerna på en ~~stitioen~~ , ~~finstutition, instutiener~~, (ger upp) ordleken. Ska jag behöva flytta för att hitta ett boende som i vart fall *ser* lockande ut?

Mitt problem är att det inte finns något demensboende här omkring, som jag vet att jag skulle kunna vilja bo i – men då ska jag passa in där – just då mitt boende blir aktuellt. Har svårt att rodda i det hela, och maken har jobb och trädgård, och en oklar Rie som behöver hjälp med diverse saker. Vissa dager mer än andra. Men något är det varje dag, eller fler.

Nu deppade jag till. Går ner tror jag, och ser ännu ett avsnitt av min serie.

Om jag får det som jag vill – så stannar jag här, glad, frisk och kapabel. ;)

## 2022-07-04- Wallraffla

Sitter uppe medan städfirman jobbar. Jag spelat Candy Cross och nu gått över till skrivandet. Har värk och tror mig bli sjuk igen…? Är en megakrasslig tant som inte klarar så mycket. Idag är handen mitt största problem, men å andra sidan så går det ont mest överallt.

Men nu till det essentiella, (Hittade det ordet i ordboken), det fanns liksom inget ord alls som jag kunde använda. Det är enerverande att orden bara »vips« försvinner, trots att de fanns alldeles före. Måste ändå erkänna att jag hyser ett visst intresse/nyfikenhet inför mitt tillstånd. Jag har ju arbetat med- och som ledare, inom demensvård. Det är därför inte utan nyfikenhet, som jag bettraktar vad jag upplever och ser både inom, och omkring mig. Det är som att jag har Wallrafflat mig in i demenssjukheten, då jag både själv är sjuk, men också nu får *veta* hur det är att vara dement.

Jag har uppdagat att jag mer och mer tappar de små orden, *typ, att, ska, det, kan* osv. När jag tittar i mina texter, och när jag skriver mejl, chattar m.m, så hoppar jag oftare över dem. Ren lathet eller Altzheimer... tänker att det är sjukdomen. Har tidigare varit noggrann med mina texter, men nu går det dåligt...

Känner att huvudet nu är mkt trött, och då får ge mig en paus framför en TV seende ngt lättsamt. Det kräver mycket för mig när jag läser/skriver/räknar eller så. Små stunder av sådant, och sedan måste jag växla med något praktiskt, till kroppen gnäller över det....

Tränade med Belle igår, jag här och hon där. Kul och svettigt. :) Idag får det bli en promenad.

Jag har odlat ngt från skafferiet som n u växer glatt. Kruxet är att jag inte alls vet vad jag odlade... Tror snart att bägge sönerna befinner sig i ....åh, tappade det, ...i Holland, ja i Amsterdam!

Ska nog ringa syster med, om inte knoppen blir för trött.

## 2022-07-05 – Blåbärsjakt

Varit på första blåbärsplockning med väninnan Camilla. Inte helt mogna ännu även om de växte i solen. I övrigt alltid avkopplande att vara med grenar, ris, och skogsbris. Maken köpte en ny pall att sitta, ty jag är ca 35 år för gammal för att stå böjd, och för den delen inte heller sittande på marken. Har visst tappat en del av den dagen för jag kan inte riktigt minnas det andra.

## 2022-07-07 – Lättare att minnas

Idag mötte jag upp cyklande ned till tåget där Dorthea skulle hoppa av. Vi vandrade hem med cykeln, fast passade på att handla ett par grejer, men viktigast så fick vi glass, jordgubbar och kokos. Mums! Även idag har överträffat mig själv med hänsyn till ätande. Om jag inte snart bromsar intaget, så kommer jag att hinna dö av ~~kärkran, kälfettning,~~ alltså det ordet man brukar i samband med att någon säger..... äsch, det ordet har kanske halkat av min fettdrypande kost.. ;)

Nåväl, trodde att samordnaren, hon som ska ta hand om oss cellplackade sjuka, skulle ringa mig angående medicinering. Så blev det inte. Tur att jag har huvudet på skaft (Öhhh), och tog mig in på 1177. Framåt 16:30 kom mitt nya recept. Ska få ytterligare en bromsmedicin. Tackar för det – jag räknar mina hjärnceller istället för att räkna får. På det temat kan jag säga att jag så klart har svårt med uträkningar. Särkilt eftersom jag inte minns talen som jag ska räkna.

Vi pratade om min sjukdom också, och om mitt sätt att hantera det. På ett ganska fyrkantigt och krasst sätt. Jag planerar och planerar och städar mig ut. Gamla papper slängs och gamla pinsamheter plockas bort. En groteskt förmån kan man tycka. Sjukt egentligen, för jag kommer väl inte ligga och känna mig pinsam, om något, som borde ha slängts, inte blev det. Vi får se – ett liv av samlande – kräver en kvinna. Vi får se – jag gör vad jag orkar, men mest virrar jag runt här i huset.

Nu säger klockan 01:48 och jag borde sova. I morgon måste jag samla ihop mig och göra något åt min andra bok – men det är inte lätt för en hjärntrött att hantera....

Memantin 5 mg sattes in

## 2022-07-10 – Väninnaskulptur

Trött eftersom klockan är allt för mycket. Idag har vi byggt kattgård, Till Katten-Zefyr, som kommer under dagen. Dock lovat att de inte kom före 11:00. Var också ute och åt, och sedan köpta jag fin, fina skulptur, av vännen Gitte! Mycket glad över köpet!

I förgår var vi i staden och började med att besöka svärmor. Efter det var jag hos optikern, som tyvärr inte kunde hjälpa mig. Optikern ville att läkaren skulle titta på det.

Lördagen då..? Vad gjorde jag då? Jag minns i alla fall att vi fixade och mätte, med spröjsarna. Inte klart men på gång. Jo – vi hade möte med vår Alfred, som hjälpt oss med kommande entré/framsida av huset.

Påbörjade den nya bromsmedicinen (använder den andra också), jag ska ha bägge. Än så länge har jag inte märkt några biverkningar. Jag och John, som båda har Alzheimer, kostade på oss med ett par interna demensskämt. Helt ok. Värre hade det varit om de andra hade skojat på vår...öh... tappade det... Bekostnad! :)

En sak som är tydligt är att dagarna går så mycket fortare med demensen. När jag sammanfattar dagen så är det mycket, mycket, mera som inte kommer in till långtidsminnet heller. Konstigt. Nu säger klockan 01:26 – och jag stänger ner. God Natt!


## 2022-07-12 – Psykologen

Kör alldeles själv in till staden. Läskigt och stressande. Jag iakttog mig nogsamt så att jag kunde köra bil. Det kunde jag! Behövde tack och lov inte in i själva stadskärnan, så det gick bra. Puuhhh. Där är det för mycket röra för mitt trötta huvud. Samtal med psykolog. Bra. Ett forum där jag kan lägga av mig tankar, utan att familjemedlemmar reagerar, och agerar på mina tankar. Fick ett samtal nästa vecka också. Tack.

Körde sedan till Hemköp, i rondellen, så där behövde jag heller inte rodda inne i staden. Lovade mig själv att köpa högst 10 saker, vilket jag höll. Hade jag köpt mer hade jag blivit stressad vid kassan. Utanför, märk väl, köpte jag en liter jordgubbar. Sååå goda! Kände mig nästan som en vanlig tant. För den bedriften ger jag mig själv en jättestor guldstjärna! Efter paus hemma och allmänt plock, så tog vi en lång cykeltur, och jag tränade också lite styrka efteråt.

Vad jag gjorde dagen innan vet jag inte. Jo – Fixade i ordning på pensionatet, dvs städat, byggt utegård etc. Sedan kom dottern och svärsonen till vårt katthem, med katten Zefyr. Än är hon skygg, men hon äter, dricker och går ut i lilla gården. Ska strax ge henne lite igen. Jag ger henne små portioner, så att jag kan ge henne ofta. Kattfjäsk är jag bra på! :)

Jo förresten – i måndags, så var jag i kontakt med Försäkringskassan, blir alltid stressad inför nya beslut. Å andra sidan så kan jag ju knappast jobba…. Det går säkert bra, men allra, allra mest, vill jag behålla mina celler!

## 2022-07-14 – Musiken som spelades igår

Njaehe, men filmen i vart fall. Såg nämligen en film i förgår, men hur mycket jag än försöker så kan jag inte minnas något alls ifrån den. Inte rollerna, innehållet, ingenting alls! Inte konstigt att mina dagar går fort, eftersom jag ju tappar det mesta på vägen. Ser framför mig ett tomt skal utan innehåll. Vet förstås att det inte blir så. Segment av mitt liv kommer att vara kvar ännu ett tag. Mindre och mindre av mig, och kanske till sist, ett endaste skrikande. Kan inte förstå var tiden är – när jag inte är där. Det jag minns – vart tar det vägen?

Svårt att acceptera. Funderar på att plocka blåbär. Det ger mig motion (till och från skogen), frisk luft, nyttiga bär och

~~antidoxinerer~~, antidoxiniter, antidoxioner.., inte det heller visst. Tjae, tänker att någon som läser det nog förstår vad jag menar.

Energin är i botten. Plockade i alla fall ett par nävar svart vinbär i trädgården. Sägs vara både gott och nyttigt. Passar våra katter, och Katten Z som är i vårt katthem. Nu tittar solen in genom vårt fönster. Kanske vi kan ta en cykeltur tillsammans framåt aftonen? Det tycker vi om. Eller gå en promenad. Har skrivit ut ett ~~förordnadne~~, det var nog fel..., ett ~~förtidstestamente~~, äsch, ett minns inte vad det heter. Ska fylla i ett sådant så att jag kan bestämma vem/vilka som kan sköta mina saker, när jag inte kan.

Ska också ta mig samman och skriva klart breven till barnen, och ett brev om vad jag vill ha det. Problemet är att det tröttar mig oerhört. Vem vill egentligen hålla på med sådant skit!? Hur det än är så ska det göras.

Hos psykologen sa hon något om saker, som barnen skulle ärva, (något särkilt som var och en ska ha). Jag har inte ens tänkt på det. Sakliga saker är saker, och det är konstigt att jag skriver så, får jag är ju i grund och botten en äkta samlare! Fast dit jag ska sedan, behöver jag inga saker. Hoppas att mina barn hittar något de vill ha och värna om. Om inte – så belasta Er inte med en massa saker.

Tänker, och hoppas, att det kan finnas en slant i vårt hus. Maken kom hem nu. Fick semester idag. Han vilar en stund, och sedan får vi se vad vi vill, eller inte vill. Skönt för honom i alla fall med semester. :)

## 2022-07-18 – Där jag var

Dagar utan skriv, Katter x 3. Lördagskväll med Dorthea. I morgon ska jag göra ett ID, så att jag har det när jag inte längre kan använda mitt körkort längre. Glömmer så mycket. Dagarna går så fort, förmodligen för att jag glömmer DET MESTA AV innehållet. Jaha – nu minns jag inte hur jag får bort det igen. Men på något sätt gick det. Många små svårigheter hör till när man ska ~~avigera,~~ navigera – ha där fick jag till det! Nu kom jag också ihåg att de stora bokstäverna är versalar, versaler!

## 2022-07-19 – Logopeden

Tänkte skriva ett pass, men är allt för sömning. Energin är låg oavsett vad jag än jag gör.

Går ner och sover, ~~förtsätter, försätter,~~ fortsätter i morgon!

Är sur för att jag har tappat (ännu) ett papper som jag behövde. Mitt kvitto från Logopeden, så att jag kan skicka in mina reser. Det stör mig såååå mycket när grejer kommer bort! Det är ~~opropettillt, otproopitellt, operiellt,~~ inte ens rättstavningen kan hitta ordet jag vill ha! Frustrerande är det i alla fall. Det går inte att släppa.

Vi klarade av våra saker som vi skulle, eller i vart fall en del. Vi åt också inne i staden, och fick glass. Man får helt enkelt vara nöjd med det man klarar. Maken besökte sin mamma medan jag var på Logopeden. Ska skapa en pärm med bilder som jag kan använda när språket försvinner undan för undan. Bilder på familjemedlemmarna, katterna, huset etc. Det blir bra när det nu inte blev som jag ville. Logopeden gjorde en massa tester för att se hur mitt språk är nu, och tyvärr så minns att jag mindes många fler ord på F, någon gång i höstas... :(

Jag går stadigt upp i vikt. Behöver trösta mig när livet stökar. Som om att fetma vore roligt. Vet dock inte om jag klarar att stoppa mig

Sonen Alfred har skapat en familjegrupp på chatten. Kul intsiativ, insitiativ, ahhh, nu kunde datorn hjälpa mig, initiativ! :)

Nu skriker min ständigt hungriga mat efter mat. Ska strax gå ner och söka efter föda.

## 2022-07-21 – Döden kommer undan för undan

Det är så det kommer att bli. Cellerna poffar sin väg utan min tillåtelse. Inte så konstigt egentligen med tanke på hur jag har uppfostrat dem. Exempelvis bestämde jag mig för att bara äta en portion jordgubbar med glass, fast det sedan blev två. Varken jag eller mina celler, tycks vara måttliga. Jag har inte lärt dem bättre. *Hade* jag vetat att det skulle uppstå massdöd och cellflykt, så hade jag inte ätit ännu en portion. Ööhh..... den tankevurpan var inte att leka med. Släpper det.

Hos psykologen fick jag struktur på mina tankar. Det går inte fort, och bitvis går det inte alls. Min hjärntrötta sätter sig på... tvär..? Förstår inte vad jag vill skriva... Tröghet och långsamhet är min nya svarta. Var snäll vid mig Rie – du gör ju vad jag kan. Sömnig får strax sova i mig. I mörkret, bland mjuka bolster och kuddar är jag inte dement. I mörkret kan jag vila – och behöver inte annat än att vila. Kroppen fungerar ännu och jag är bara jag. I sömnen ser jag inga celler som poffar iväg, och i stillheten vilar jag och hjärnan tillsammans.

Bjudit hem väninnan Rocita med make på lördag, och vi åker till DottraMi med make på söndag. Mat, familj och vänner, vet inte mer nu.


## 2022-07-25

Vid datorn, känner mig stressad och matt. Två (fina) dagar med socialt umgänge tar på mina krafter. Vet dock att jag kommer att må bättre när jag har suttit för mig själv, och benat upp mina dagar. Det är ett bra sätt att ~~srutktera~~, s t r u k t u r e r a mina dagar. Inte för att jag egentligen tittar bakåt i mina anteckningar här, men för att jag v e t att jag *kan* gå tillbaka.

Om några timmar kommer äldsta sonen med flickvän och då ska de ut och åka kajak med maken. Kul. Eftersom jag är trött och har ett trött huvud så insisterar jag på att det blir pizza ikväll. Jag behöver nog sitta i blåbärsskogen och bara sitta bland bär, kvistar och susande trädljud. Vilsamt.

Jag har svårt att skriva idag. Får backa hela tiden för att justera texten. Vet inte varför. Letade upp maken som håller på med spröjsarna som han har gjort. Tyvärr måste jag bryta honom så att vi har en plan för dagens måltider och aktiviteter. Jag älskar planer! Något stabilt och pålitligt. Efter en stund med strukturskapande är vi åter på var plats. Jag tillbaka vid datorn, och han vid spröjsarna. Trycket i huvudet minskade och stressen över dagens aktiviteter, minskade. Ser också en blåbärsglugg där jag kan sitta.

I förrgår var fina vännerna Rocita + Torbjörn på besök. Det blev trevligt, gott, och på alla sätt bra! Efter 7 timmars samvaro hann vi avhandla en hel del. :)

I går har vi hos Dottern Isabell och hennes man Niklas. Vi fick fika och senare middag. Vi fick en jättefin promenad med dem ute i Järnaviks naturreservat. Snackade lite med katten Zefyr, som ju bodde här förra veckan, och som faktiskt inte var rädd för mig. Hon mindes mig!

Såg idag i ett demensforum om en sådan katt som man kan ha när man är deement. Jepp – en sådan vill jag ha! Allt som är sött och spinnande gör mig glad och trygg. Bring it on to me! Jag är innerst inne ett barn, men också en kvinna som gillar katter.... De är, som de är, och det tycker jag om.

Just nu vet jag inte hur jag lägger till en söt katt efter det skrivna, synd, men man får förfeställa det.

Som vanligt mår jag bättre när jag har skrivit. Det är handfast och något att luta sig till. Har kanske redan skrivit om det. Nu säger jag tack för idag, och återgår till något annat. Bara för att jag kommit så låpngt i dagens uppgifter, så ger jag mig en Guldrig glänsande stjärna! ★

Memantinet ökades till 10 mg

## 2022-07-28 – Ungdomar och blåbär

Fina sonen kom med flickvän. Far och son kajakade tillsammans. Min bror Peter, arrangerar festival i lilla Åfors. Jag har inte åkt ut dit ännu, men tänker åka ut i morgon. Förutom ungdomar så var blåbären i fokus, mest för mig som plockar dem, men de andra också, då de gärna äter dem. Är otroligt snurrig och har svårt att förstå när något har hänt. Är det flera dagar sedan, eller hände det nyss. Det stuvas om i huvudet vilket gör att jag inte vet av minnena kommer fram. Har också sedan en tid, känt något som jag inte borde. Det är en känsla av närvaro, av något utanför mig själv. Till detta ska jag säga att jag är en krass, torr, och faktabaserad person. Brukar alltså inte tro på utomkroppslika fenomen, eller för den delen. Jag drömmer också väldigt mycket! Minns också väldigt mycket av nattens drömmar. Det gör att jag kan få svårt att veta om ett minne är på riktigt, eller om det är en dröm. Tidsaxeln är också ur spel, sa jag detta i förrgår, eller alldeles nytt?

Jag hade svårt att sova i natt. Vet inte varför, men jag var stressad, orolig och otrygg. Har annars kunnat sova gott, trots demensspöket.

Hittade 1300:- i kontanter som jag helt hade glömt. Så nu har jag lite fickpengar till vår lilla resa till Ärö (tycks inte kunna ändra till danskt tangentbord). Så är det allt för ofta. Krister fick hjälpa mig här om dagen för att jag skulle betala mina räkningar. Så absurt. Jag har alltid haft nitiskt koll på min ekonomi, men nu kan jag inte längre. Fast om jag är utvilad och inte har för mycket som sker runt mig, så kanske det går bra nästa gång.

Det blir fler och fler saker som han får ordna åt mig. Åh – som avslutning – idag blev vår veranda klar!

P.S. Jag frågade sonen ikväll, om han tyckte jag hade blivit mer snurrig sedan sist. Han svarade nej, det var bättre nu sa han. D.S.

## 2022-07-29 – Trycket – och Lindy Hop

Vaknar till ett kök med maken och sonen som har varit på festivalen en sväng. Prat och logistik – det blir lite mycket för min hjärna. Det känns som ett tryck över huvudet, som om det satt ett spännband runt. Jag trodde då inte att jag skulle åka ut till festivalen alls, men sedan skulle sonen med maken vidare till Växjö för att besöka farmor, och då fick jag den tystnad som jag är helt beroende av. Inga människor, inga katter och ens inte en fluga. Då gick maskineriet sakta igång och jag kunde tänka. I lagom lunk duschade jag, hittade kläder, packade med min specialmat, mediciner, extrakläder etc. Hälsade på många jag inte kände, men också många av vår klans medlemmar och vänner. Så – jag var med på Lindy Hop – vilket visade sig vara lika roligt som jag trodde. :) Efter en timmes dansövningar var jag mör. Mer än jag klarade. Åkte hemåt igen vid 22:00, vilket gör att jag nog åker ut en sväng till i morgon vid 18:00, för att dansa Lindy Hop igen. Kroppen har vilat – och vilat igen. Maken hade uppdraget att hålla koll på mina saker så allt kom med hem. Det gjorde han diskret och med bravur. Det konstiga var att jag hade lagt mitt läppstift på en bänk, som jag inte ens hade suttit på…

## 2022-07-30 – Aj då!

Ja det där med Lindy Hop straffar mig än idag. Trasiga atrosfötter känns idag. Letat upp lite fler bandage att svepa och stadga in dem i. Tar samma skor igen med utprovade sulor endast för mig. Kanske jag klarar passet då…. Annars får jag se och höra så mycket annat som jag ta del av. Musik, mat, hantverk, med mera. Hoppas på en fin kväll ikväll. Jag har inte bidragit alls till något av festivalen, å andra sidan så duger jag inte så mycket mer än att ta hand om mig själv.

Har fått så mycket problem med mina ögön. Var hos optikern men de skickade mig till ögonläkare. Undrar om ögoncellerna också puffar iväg…?

## 2022-07-31 – Ont i kroppen och ont om blåbär

Känner mig överkörd efter festligheter och ännu en promenad. Den sistnämnde skulle egentligen inte ha blivit en promenad, men blåbärssuget gjorde att vi gick hela spåret i för att hitta bra ställen för plock. Märks att de börjar sina. Vi (jag och maken), pratade i bilen i hem i natt. Vi är eniga om att vi inte accepterar massdöden i min hjärna. Maken

Krister berättade om konstiga saker jag sa och gjorde på festivalen, dock inte något utmärkande, utan det var bara släkt och vänner som uppmärksammande.

Var vi än är, och vad vi än gör, så brukar varje tankegång leda oss tillbaka till Alzheimern. Tänker exempelvis på tanden som ilar i överkäken, kanske jag kan klara mig utan att få det lagat? För mig har allt fått en begränsad tid. Exempelvis funderar jag på om jag ska göra ännu en konisering, p.g.a. illvilliga celler eller låta dem vara. Jag har fått ett nytt sätt att förhålla mig inför till kommande tider. Kan det rent av vara ett sätt att avsluta min tid?

Nu mer ont, vilket gör att jag går ner för att sträcka ut mig.

Avslutar för idag, och meddelar att jag nu är borta några dagar, si så där 3-4 dagar i Danmark.


## 2022-08-08 – Fraktad, fast ändå med

Hemma i vardagen nu med huset tomt, förutom katterna och maken som kommer efter jobb. Varit hemma sedan lördag, och först nu orkar jag skriva. Resan var fin och Ärö var en upplevelse. Husen, gatorna och värmen fick mig att tro att jag var i sydeuropa. Hotellet var fint fast toaletten var väldigt inklämd... Vi åt mer än vad vi borde, fast vikten var den vanliga när vi kom hem.

På vägen hem tog vi några timmar på Langeland, där vi badade och solade. Med solskydd!

Besökte också min bror Thorvald i Saxköping, där vi hann prata och bli bjudna på aftensmad. :)

Tog ett hotell och spenderade några timmar i Köpenhamn. Lagom länge. Mer än tidigare behöver jag stillheten för att hålla ihop.

Känner mig ibland som ballast som fraktas. Tappar så mycket av det logistiska att jag bara hänger med. Har inte ork och förmåga att tycka reda ut och tycka. Bitvis tappar jag sammanhangen och är beroende av att ha maken vid min sida. Trist att ha tappat så, så mycket!

Förr brukade folk tycka att jag var skärpt. Nu är jag glad om min lilla värld inte krackelerar, och istället visar alla mina begränsningar.

Har börjat skriva i Vita arkivet i går. Det började trevande, men sedan gick jag igång. Allt är inte klart, och vissa saker behöver jag inte skriva, men grejen var att jag kände mig lättad efter skrivandet. Ska få med lite mer, men kanske inte idag.

Inväntar syster och makens underskrifter på min ~~Framtids~~... nu glömde jag ordet, ~~framtids~~-kontrakt? Det ligger i alla fall på köksbordet där nere. Bara för att göra mig glad, så passar jag på att ge mig en jättestor guldstjärna! Det kan man behöva när man är dement.

Nu dags att ta hand om en tvätt.


## 2022-08-10 – Knäsmärta – men skärpt!

Haltar runt i min lilla värld. Har allt för ont i ena knät, vilket oroar mig inför resan på lördag. Bussresa till Skottland – 14 dagar. :) Har både tejpat o c h lagt knäskydd över. Hoppas,

hoppas, hoppas, att det ska hålla sig i lagom smärta, så att jag ändå kan klara vår 14-dagars resa... (!) Jag kan heller inte gå på kryckor eftersom mina handleder är allt för atrosiga av sig. Min gamla krigsskada hör också av sig med nervklämningar i länden och höften. Dock ej hela vägen ner till foten! Man får glädjas över det lilla.

Syster ska komma och ta mig på tur till blåbärsskogen i eftermiddag. Där kan vi sitta och systerprata. Mys!

Efter telefonkontakt på Geropsyk 2 dagar i sträck, är mina tabletter i land. Maken och jag gick igenom allt igen i går kväll. Utan mina värktabletter och mina bromsmediciner så är det kört.

Men – för att skriva något trevligt; Igår hade jag plötsligt en klarhet i huvudet, det eviga trycket över huvudet lättade och det är så idag med! :) Trots smärtor och förvirring hade jag energi (alltså med mina mått sagt...). Härligt är det i alla fall att orka något alls. Maken konstaterade också att jag var piggare när han kom hem, eftersom jag hade tvättat, vattnat, diskat och pysslat i huset.

Strax ska jag ringa till Simonskatten, och i går pratade jag länge med Alfred, och i förgår med vår Belle. Så nu har jag koll på dem. ;) Telefonprat tar energi, men helst vill jag ha ett samtal med var och en, varje vecka, fast ibland blir det bara snack på chatten.

P.S. Mitt skryt om skärpthet höll inte hela dagen tydligen. Jag skröt nämligen om att jag inte var dement igår, men njaeehe sa maken, du frågade precis samma fråga, som Du gjorde nyss igen...., och det var inte första gången..... D.S.

## 2022-08-29 – Hemma från Skottland

Försöker hitta mina anteckningar från resan, men dem har jag slarvat bort... Mitt huvud är tomt och trycket över huvudet är på plats. Sonen har nu åkt hem igen efter att han har passat katterna.

Fick ännu en ny räkning på missad bokning a´300:- (Betalade precis en i går). Det är ju just det att jag har svårt att minnas.... 600:- är pengar jag hade kunnat göra något roligare för. Och nyligen fick jag straffbot från CSN för att jag glömde bort att betala... Istället hade jag satt datum på fakturan, och förnöjsamt satt in den i pärmen. Allt svårare för mig att greppa det ekonomiska. Inte för att jag inte kan betala än så länge, men jag kan liksom inte förstå. Ska jag skaffa en God man, eller för den del en kvinna, eller får det bli maken som får rodda i allt. Som väl var har han tagit ledigt måndag och tisdag också. Han får ju ta det mesta av det hela.

På semestern läste jag mest av – vad jag förväntades göra, och maken hade koll. Själv är jag körd. Snälla, snälla jag – var inte så här dement!

Överlag en bra resa. Tyvärr mycket smärta i höft/ben, och i knät på andra sidan. Jämna smärtor ska det vara...! Sett mycket och upplevt mycket. Jag har skippat all fakta om vilka som byggde vad och varför, och har istället känt vad det har gett mig. Bergen, utsikterna, vädret, djuren, människorna, maten, promenaderna etc.

Hade som sagt skrivit anteckningar under resan, men de försvann. Jag får lära mig att acceptera också det. Märkligt hur jag bitvis är helt slut och borta, medan jag andra stunder kan vara klar. Nu exempel är jag extremt trött i huvudet. Får bli ett avsnitt av en lättsam serie igen.

Försöker att intressera mig för hur själva sjukdomens progress ter sig, men det är svårt att gilla tillfället till kunskap, trots att det är intressant.

## Fått hjälp med anteckningarna

220814 – Avgång och ont!

220815 – London och ont

220816 – London och mot York

220817 – Edinborg där jag tar emot nyckelkorten i foajén, medan Krister hämtar in väskorna, fast jag går helt sonika ifrån honom...

220818 – Edinborg

220819 -

220820 – Avimore och sömnig
Inverness och Culloden, jag hittar små går möss i kyrka. Märker att jag blir mer och mer barnslig.

220821 – Ensam på hotellet

Kunde inte ens säga breakfast när jag ensam skulle fråga var frukosten serverades. (Krister var inte med mig för han var med på en tidig utflykt.)

Gick lite vilse i staden också, och började oroa mig för att inte hitta tillbaka. Försökte också en berätta en historia vid bordet, det gick inte alls... hittade inte orden. Pinsamt

220822 – Vi skolkar från utflykter och tittar i affärer och köper lite att ta med oss hem. Promenerar och går i simhall. Jag är inte förvirrad, förmodligen på grund av att jag fick vila mitt huvud. Fast glömmer att köpa almanacka av Highland cattel.

220823 -

220824 -

220825 -

220826 -

Jepp – det var det av anteckningar som blev av.


## 2022-08-30

Berättade jag om den fina frukosten vi fick, i huset bredvid? Det var sonen och sex andra unga människor som bjöd över oss till frukost i förgår. (Vi lånade huset bredvid som vi brukar passa). Då kunde jag både vara klar och prata utan att klumpa mig. Unga glada trevliga människor ger energi!


## 2022-09-01 – Teater

Dålig start som vanligt. Vet inte om det är medicinen, eller annat som gör mig sänkt. Är orkeslös och stressad. Efter några timmar känns det bättre. Verkar också vara så, att det blir värre när jag ensam. Kanske har jag allt för mycket tid till att känna.

Hoppas att jag fortsatt får lov att köra bil, det underlättar. Vill ju få lov att köra till vattengympan, och andra små ärenden.

Kände mig utsatt då jag åkte bil till Hovmantorp och inte hade sällskap av maken, som agerar åt mig också. Mycket är det som han får rodda i…. Har svårt att bjuda in till samtal, eller hålla samtalet igång, särskilt med dem som inte vet om min sjukdom. Det hela gick ändå bra.


## 2022-09-02 – Grå starr (!)

Jepp – så är det. Krämporna tycks ~~kollosummeras, kommunaliseras~~, ah… ackulummeras!!! Där satte jag spiken, trodde jag. Jag försöker hitta ordet för att något gradvis…. Skit också. Jag menar i vart fall att mina krämpor fortsätter att öka. Om två veckor har jag fått tid att operera linsen. L ä s k i g t – Att pillas i ögat. Det står emot allt man har lärt sig, alltså att man ska skydda ögonen. Har svårt att skriva på datorn, särkilt på det ena ögat. Märker att jag blir mer ledsen än innan. Ledsenheten behöver luftas – fast jag sällan låter det droppa.

Pratade en lång stund med Alfred i telefon.

Gick kvällspromenad med bägge katterna och maken.

## 2022-09-03 – Träning och gnabb

Hemma på torpet, fast viss osämja för dagen. Å andra sidan har vi inte tjurat ihop på länge. Mitt sjuka öga gör det svårt att skriva. Det får jobba så mycket så det liksom zoomar ut bitvis.

Tränat på distans med BulleMi över telefonerna. Vi tränar en gång utan att vi ser varandra, och sedan en då vi ser varandra, så att vi inte fuskar.

Kissen Melina är orolig för att vi har slått vår lilla äng. Hon älskar att ligga bland höga gräs och blommor. Gjorde ett försök till att få Husbonden att lämna en remsa till henne, men nej – och med mina begränsningar kan jag inte själv sköta sådant. Sur gubbe och sur gumma. :(

Nu mycket trött och inte minst i ögat, så jag avslutar nog här.

I morgon ska jag och finaste vännerna på vandring i Åsens naturskydds… kan verkligen inte komma på det rätta ordet är. Det är ett ställe… Reservat – det är kanske det ordet jag försöker skriva!

## 2022-09-04 – Åsnens..?

Kunde inte det ordet i dag heller, fast nu har jag bestämt mig för att fuska. Åsnens Nationalpark – nu kom precis ordet – själ! För visst heter det väl så..? Ser lite konstigt när jag ser det. Äsch då, jag kör vidare. Med finaste vännerna blev jag upphämtad vid 10:00. Det blev mycket prat, fint väder, kaffe, matsäckar och fin, fina stigar! Allt var perfekt – **förutom att jag pratade för mycket om mina sjukdomar o c h blev av med mina glasögon!** Helvete också! Vi var ju runt på flera ställen så jag blev ganska uppgiven.

Har jag berättat att tiden går så mycket fortare nu? Det slår mig ofta nu. Exempelvis så gick vi en stig som var fem kilometer lång, och tiden bara försvann. Det kändes som att jag bara gått halva tiden. Som sagt – det känns ofta som att tiden går fort. O c h – min teori – är att jag inte skapar minnen på samma sätt som tidigare. Mycket av det som sker kommer helt enkelt inte fram till minnet. Så är i alla fall min teori!

Jag hoppar också över småorden, eller kittet, i meningar. Så har jag inte har gjort innan. Har däremot blivit medveten över det, så jag läser igenom texten så att det blir någotsånär läsbart. (Visst gjorde jag det innan också, men nu är det än mer viktigt. Tänk om jag senare skriver detta till mig – då måste jag kunna förstå! Det betyder mycket för mig att sätta pränt på vad jag har gjort, känt, sagt etc. Då har jag i alla fall det kvar.

## 2022-09-05 – De är tillbaka!

Förmiddagen – alltså från det att *j a g* har förmiddag (Är av hävd en nattuggla!) Hur som helst – de tre-fyra timmar från uppvaknandet är oftast tunga.

Puuhhh! Vännerna ringde runt där vi var – och framåt kvällen hittades dem långt ner i sidofacket i vännens bil. **Gissa om jag blev glad!** Gick en fin kvällspromenad i kvällssolen. Sådant läker, i vart fall under tiden det sker.

Är däremot ledsen och deprimerad. Behöver något annat än mig själv att fokusera på. Känner mig osäker bland folk, och söker mest samtal i små grupper. Är dock inbiten introvert, men även en sådan behöver lite liv omkring sig.

Kom på mig igår med att titta efter tabletterna som jag har gömt. Har dock bestämt mig just denna dag, för att inte göra något alls i den riktningen. Inte före jag har blivit 60. Det kanske kan bli en bra dag att avsluta, om jag fortfarande tycker så då.


## 2022-09-06 – Kontakt tagen – och ännu en gång!

Sökte Geropsykiatriska mottagningen för medicin och deppprat. Fick ordning på medicinerna och en ny bokning till psykologen. **Bra!** Mirtazapin ökas till 30 mg

Är ledsen och deprimerad. Hur kul är det på en skala att vara dement? – Tjae.., faktiskt inte alls. ):

Helt plötsligt tog jag o c k s å en kontakt med kommunen. Ingen är mer förvånad än jag själv, men inser att jag behöver någon form av struktur för att inte ta livet av mig i förväg.

Det smärtar mig så oerhört att förlora mitt intellekt!!

## 2022-09-08 – Trafikmedicinska – och sedan Psykolog

Bra ordningsföljd.

Upp vid 6:30. Bara en sådan sak. Började med flera tester innan det sedan gick över till själva körningen. Verkade visst konstigt att både hon som gjorde testerna, och körläraren – att jag inte visste vilken sorts bil jag har. Öhh…, jag har a l d r i g vetat vilken bil jag har. Inte heller för tjugo år sedan hade jag klarat det. Hörde någon gång att jag inte ens kan klara vilken färg en bil har. ;)

Jag hatade testandet från första stund. Fastän att jag förstår att det måste vara så. Massor av tester som jag inte var bra på. Inte bra för självkänslan. Sedan körning i nästan en timme, där jag åter skulle prestera. Jag som för en stund sedan inte förstod hur jag startade datorn. Jepp – ser att jag hoppade över ordet *sedan* i meningen över. Det brukar jag justera när/om jag ser det. Annars blir det oläsbart.

Är trött på alla sätt. Sov lite i bilen när vi åkte hem. I morgon ska jag inte iväg på något. Det passar mig bra. Det sociala är viktigt, men jag behöver också mycket vila i mig själv. Vet inte om jag har något mer, jo faktiskt – vi köpte ett stort och dyrt katträd som vi ställde på verandan.

Just det – vi stannade och röstade på vägen hem, eftersom Krister inte är hemma på söndag. Annars har vi alltid gått på självaste dagen. Har också skrivit in det i Vita kuvertet, att jag – om jag finns kvar vid nästa val, så vill jag rösta på samma parti som jag alltid har gjort.

Bra också samtal med psykologen. Känns bra att få formulera tankarna, utan att tänka på vad mina nära och kära, känner inför det.

God natt på det!

## 2022-09-09 – Hjärnan sväller (och gör ont!)

Nog känns det så i alla fall (på riktigt)! Trodde först att det var trötthet efter gårdagens strapatser, sedan trodde jag att det gjorde ont i huvudet p.g.a. att jag pratade för mycket med syster i telefon på förmiddagen. Till sist insåg jag att jag nog hade blivit sjuk. Hoppas det sveper snabbt förbi. Det känns som om att alla tankar och intryck, inte får plats.

Hade något viktigt att skriva och trodde dumt nog, att jag skulle minnas det tills jag gick in på datorn. Så ska förvirrade tanter inte tro. Jag minns också att jag tänkte på det flera gånger, men bestämde mig för att inte nödvändligt skriva upp det på en lapp. Så dumt, det är ju lååååång tid sedan, som jag kunde lagra tankar i huvudet!

Har på senare tid (ca en månad ), fått svårt att förstå almanackan. Jag betraktar sidorna nogsamt och läser datumen. Jag bläddrar för att se ett annat uppslag, och då gärna ett som kan ge mig en hint om hur man läser av den. Som en detektiv söker jag allt som kan ge klarhet. Men *hur* kan man inte läsa av almanackan, och hur svårt är det på en skala egentligen!? Så är det också med viktiga papper och sådant som helst ska fungera. Inte konstig alls att vi dementa blir trötta! Får väl i detta sammanhang också slå ett slag för en och annan trött make....

Förresten, trodde att jag fick lite känningar av ett visst virus, men hade test hemma som visade negativt. Tänk att det kan vara så bra ibland, att det negativa blir positivt. :) Vill ju helst inte dra på mig något nu, när jag ska opereras för starr.

Lyckades i vart fall ringa själv och styra om med en tandläkartid som krockade med annan bokning. Mycket är det.

## 2022-09-10 – Administration – hur mycket kan det finnas!?

Det är bokningar 0ch ombokningar i vården, räkningar, omläggning av lån, och inte minst alla de mediciner som jag ska administrera. Bokade också en frisör. Än så länge vill jag klara det själv, men jag känner att det tar på mina hjärnceller. Kanske bör jag ändå starta med Apodos? .

Har luktsinne light visst. Innan diagnos var jag helt utan luktsinne. Minns att det försvann i början av pandemin. Sedan fick jag bromsmediciner, som gav mig lukten tillbaka, eller snarare fick bättre luktsinne. Därefter gick jag runt och sniffade på det mesta som en gammal erfaren blodhund. Nu gör jag det inte kontinuerligt, men passar på att ta mig ett sniff då och då, bland kryddburkarna, blommorna och kattlådorna. ;).

Är riktigt sömnig nu. Har tränat med Krister.

## 2022-09-11 – Äpplen eller krusbär

Hade en urusel förmiddag. Var deprimerad, hade hjärtlappning, ångest och extra tryck över huvudet. Det känns som att hjärnan har för lite plats, vilket snarare vore tvärtemot. Mina döda hjärnceller bör ju skrumpna ihop och skjutsas vidare till nästa ~~distans, etapp~~, tröskel? Hade ju just ordet i huvudet.

Kollade av blodtrycket, som ju också låg för högt. Däremot kunde jag ju inte klargöra om jag fick högt blodtryck av ångesten, eller om ångesten kom av det höga blodtrycket. Hur ska jag veta det? Vad jag vet är i vart fall, att jag mår bättre efter att ha varit vaken 3-4 timmar. Så idag också.

Jag tog mig förbi de jobbiga timmarna. Sträckte knakande på mig och gick ut och plockade björnbär. Stressen avtog när luft, bär, gräs och katter tog vid. Plockade många sedan. I lugnet fann jag också ork till att plocka äpplen, som jag sedan frös in med socker och kanel. Mums att ha till vintern. Rofylld och tillfreds kändes livet värt att leva, ännu ett tag.

Trots att jag hade hållit på med björnbär en längre stund, så kunde jag senare inte längre komma på vad det var jag hade plockat. Det hade varit en bra sak att veta, när vi senare ska plocka upp dem ur frysen. Det störde mig mycket. Så pass mycket att jag senare googlade på krusbär, vilket jag då var säker på att bären hette. Och vad ser jag då – jo- just ett Krusbär! Smart Rie. Öhee…. Senare under kvällen kom jag till klarhet – De heter ju björnbär! Nice! Jag fick ihop det till slut, men först nu när jag skriver inser jag vad jag gjorde för att komma rätt. Jag sökte på Krusbär, i hopp om komma fram till Björnbär…

Katterna har lärt sig att jag inte har koll. Inte någonstans. I natt kräktes Melinakatten igen. Hon är en adopterad katt från ett katthem som har haft en tuff start i livet. Hennes liv har blivit så mycket bättre, men hon har kvar en rest av överätning. Det i samband med en dement matte, (som inte minns att hon redan har gett henne), kan helt enkelt bli mer än hennes …, ord…, öh…tänka.., metabolism kan hantera.

Försöker göra texterna läsbara, men jag har tappat så mycket av min förmåga. Snart knackar nog afasin hårdare på dörren.

Såg att det var teaterdag i Åfors Folkets Hus snart. Åhh – så kul tänkte jag – tills jag insåg att mitt korttidsminne är värre än en amöbas. Vad jag nu vet om det. Kanske är amöbor långt mycket klokare än jag.

Reflekterade över att detta val, nog var det sista för mig. Skulle jag ändå finnas vid ännu ett val, kanske ett omval, så har jag skrivit in vad jag vill rösta på, i det vita arkivet. Tänker att maken kan vara behjälplig om jag inte kan.

## 2022-09-12 – Irriterande annons

På ett av de första inslagen (förutom valet), visades det upp en kvinna som låg på sin säng. Jag fick för mig att hon tänkte köpa en ny säng. Hon som såg ut att ligga hur skönt som helst! I detta tidevarv med klimathot ska man väl ändå inte byta säng hipp som hej, särskilt om man redan har en sådan bra säng. Sådant irriterar. Sparsamhet med hänsyn till klimatet! – Nu kom städfirman. Återkommer.

Jo – senare – när jag var färdig med mitt, och städfirmans med deras, så tog jag mig en kopp kaffe och en tur i tidningen igen. Det var ju så klart en helt vanlig annons. Ett uppslag i tidningen! Hur många tusen gånger har jag sett annonser, utan att tro att den som visades skulle bytas ut. Den skulle ju så klart få *mig* att bli sugen på en sådan säng! Alzheimern vänder på begreppen och tingen vänds bak och fram, ja faktiskt också både fram och bak.

Ikväll tänker jag ringa äldsta sonen och höra hur det går med livet och nya jobbet. Ska också träna med dottern över länk. Yngsta sonen ringer jag i morgon! Mina <3 <3 <3 – Det skulle ha blivit tre hjärtan, men sedan ett tag kan jag inte komma på hur man gör dem. :( (Gissa hur många gånger jag har försökt!)

## 2022-09-13 – Telefontid x 2

Först samtal av arbetsterapeuten på Geropsyk. Diskuterade mina hjälpmedel, eller snarare bristen av sådana... Vi beslutar att jag kontaktar henne när behovet kickar in. Djävulsklockan, d.v.s. (tablettrondellen), lämnar jag in när jag ska in till psykologsamtal d. 22/9. Behåller dock en klocka som visar tydligt när det är dag, vecka, månad och år. Sådant som skadade hjärnor behöver hjälp med. Jag är inte riktigt där ännu, men det är klokt att jag börjar använda den redan nu, så att det integreras i huvudsvålen. Då slipper vi *k a n s k e* att jag ringer mina nära, på helt galen tid.

Telefonsamtal 2. Jag fick för mig att alldeles själv, (hur jag nu kom fram till den idén..?), skulle ringa A-kassan angående om jag eventuellt kan ha ha rätt till några tusen till ... öh.. , hitta ordet......., en försäkring är det i vart fall. Det gick dock inte bra. Jag presenterade mig med namn och diagnos, varpå jag fick ett bra bemötande trots min förvirring. Men..., jag klarade inte att förklara vad jag ville – i det fall jag ens själv förstod vad jag egentligen ville... Jag har oerhört svårt att hitta orden, orden som ju var mina. Jag skäms för mig själv, även när jag är helt hemma i huset. J a g ser ju själv hur förvirrad jag är!

## 2022-09-14 – Heldag med vännen – men ingen operation!

Lång dag mot kväll. Fina väninnan kom tidigt för att och hämtade mig. Siktet mot Kristianstad. Prat och bra humör, vilket dock falnade då de inte hade rätt lins för mig. Förutom den vanlig grå starroperationen, behövde jag en speciell lins för att också lindra mitt grava brytningsfel. Det visade vara när brytningen var över 3 (inget jag förstår), men som jag kunde få gjort gratis av den anledningen. Vi hade annars sett en längre tid hos läkaren. För att något göra, tittade vi i ett par butiker, mest bara för... Grämde mig över bilkörningen fram och tillbaka helt utan att få något avklarat. Däremot så åt vi lunch och pratade och pratade igen. Tack vännen min!

## 2022-09-16 – Kontakt bokad angående LSS

Mår dåligt. Behöver någon form av aktivitet/stöd, men känner mig osäker på vad jag kan/vill göra. Handläggaren kommer på måndag klockan 10:00 här hemma hos mig. Depressionen nockar mig hårt, särskilt på det jag kallar förmiddag.

Jag glömmer så mycket! Går på..., intuition.., alltså – jag går iväg och finner mig i nästa rum. Vad skulle jag göra där? Ser mig omkring, finns det någon..., ledtråd? Jepp – det var tvätten som jag satte på, eller inte... Jag glömde starta den. Jag är som en,,,,en som har ett..... ähh, detektiv! Än är det några ord kvar i huvudet, men de gömmer sig allt oftare när jag behöver dem!

Det påminner mig om att jag ska skapa en pärm med bilder, på mig, familjen, släkten, katterna. vännerna m.fl. Så att jag sedan kan peka på de bilder jag (förhoppningsvis), får gjorda. Det ska ju vara huset, tandborsten, hudkrämen – ja – helt enkelt bilder som jag har behov av.

Kanske jag väljer att bli tyst och bara titta på.

## 2022-09-17 – Vattengympa & mör

Sannerligen mina ord! Kör mör skör, tant till vattengympan. Första gången sedan diagnosen. Mina svar till de andras frågor besvarade jag med ett »Jag har Alzheimer«. Det går ju inte att bara säga fint, när man i verkligen smulas sönder. Jag hatar det med STORA bokstäver! Behöver tröst av ragn! Glass kan funka, men inte hela dagen väl...?

Senare går jag en fin promenad som gör mig sorglig och skör. Kommer på att jag inte har fått någon sorts stjärna på länge, och det kan inte vara för att jag inte behöver den. För det gör jag! Jag har bara glömt bort dem!

Av den anledningen ger jag mig själv två jättestora, gigantiska, *Guldiga* stjärnor!

P.S. Vill bara flika in och berätta, att de flesta tar emot min diagnos på ett bra sätt. So far... D.S.

## 2022-09-18 – Födelsedag – och bortslarvad dag!!

Ja faktiskt eller…. Nu när jag tittar igen så finns visst alla dagarna kvar. :) Bra! För jag orkar inte ha för mycket som kommer bort. Det räcker med att jag själv känner mig bortkommen mest hela tiden, och inte minst i sociala händelser.

Jag har i alla fall en knäckäppelpaj i ugnen nu, och snart kommer Syster på besök. Jag vet inte om jag missade att ha i mjölet, i så fall kan det ju ställa till det….. Den kändes inte som den gjorde sist när jag gjorde den. Då fick man klicka smeten ut med en tesked…

Jag har fått många hälsningar, och precis nu ringde Alfred och gratulerade. Konklusionen är, att demens är mycket opraktiskt.

Bortsett från det är jag deprimerad. Har svårare och svårare att känna genuin glädje. Kommer hela tiden fram till att jag kanske borde avsluta snart. Men än är jag inte i fas! Jag har fler saker att ordna. Och med mitt velande och letande, så tar det tid. Behöver införliva mina barn i mina tankar, men först ett år till, efter det så känner jag mig nog färdig. Sikket födelsedagssnack! Dags att avsluta med ett stort Grattis till RieMig!

PÅ kvällen kom syster med presenter, och sedan åt vi gott och därefter tog vi systrar en sen långpromenad! Och kakan blev mycket god, trots att jag glömde hälla i mjölet! Tur i alla fall att det var havregryn i den också. ;)

## 2022-09-19 – LSS-handläggare och frisör

Uppe i min otta, d.v.s. hur skriver man egentligen klockslag? För stunden verkar det omöjligt. Letar, nosar och söker. Får vänta in en morgonpigg cell, och provar igen...

Jepp – där kom den, den lilla rara cellen. Den som i all sin sötishet hjälpte mig med klockan. Det tog en stund för mig, men nu... kolla, kolla! Se bara vad jag kan klara att skriva 08:30! Päser av stolthet innan jag inser att jag har lagt så mycket tid och bryderier, för att fånga ett flyktigt klockslag. Ett som jag ju redan har missat.

Vid 10:00, d.v.s. att handläggaren kom för sent. En hel kvart! Är det ens tillåtet?! Vi pratade lite kring mina behov, och om hur min stöttning kan se sig. Det landade till slut med att jag beviljes boendestöd, vari också inköp, såsom apotek, mataffärer, loppis etc. Vi beslutade att prova en ggr/veckan till att prova Något som maken inte behöver vara i. Trots begränsningar vill jag kunna vara självständig, men nu med stöd, nu när jag känner mig mer och mer osäker, när jag är ensam utan hovdam. Fniss, var kom det från..? ;)

Var också hos frisör i byn i dag. Förr körde jag ju själv in till staden, men min osäkerhet gör det för svårt. Behöver någon vid min sida, en som träder in om jag har problem med afasin, förvirring – och inte minst, var jag har lagt nycklarna, plånboken, medicinerna etc. etc. etc.... Hela tiden! Nu är tantkroppen, och för den del också knoppen slut. Tar ett stort dyk ner i sängen!

Just det – skryta ska man passa på att göra mens man kan – så därför vill framhålla vårt träningsvideosamtal med dottern!

Guten nacht! Stavningen, Rie, stavningen! Eller blev det rätt...? Fördelen med ett sådant skrivande som jag nu håller på med, är ... och där tappade jag tråden, för det finns egentligen inga reella vinster med att skriva som alzheimersjuk.


## 2022-09-20 – Blottad på banken

Mot staden för att byta lån och lägga om våra lån, Lååångt möte. Så mycket prat om siffror och olika konton. Mycket mer än vad mitt huvud klarade av. Mestadels pratade Maken och Bankkvinnan, men när jag tog mig en power .... Öh... vad är det man säger....nap! Visst? Redan vid niotiden var mina resurser slut. Trycket i huvudet låg som en rem runt huvudet. Sväller gör de också. Funderar på om mina döda celler ligger och päser uppe i mitt huvud. Som en gelaktig jäsande massa som trycker på inifrån. Fast mitt ~~intulett, in-tillekt,~~ intellekt, mässar om att döda celler rensas ut kroppen.

Det var inte ett bra start för dementa. Och nog var jag det.... Satt i bilen tyst med stängda ögon, för att på något sätt avskärma mig.

Inne på samtalsrummet kände jag mig som, ja jag vet inte, men det var inte mig! Det jag betraktade var på intet sätt den jag är, eller förresten glöm det. Den jag var på bankmötet var en främmande förvirrad tant, som ändock försökte flika in ett par meningar, bara så att jag inte hade dött där i stolen. Jag hatade det och jag avskydde det! I bilen hem knöt jag ihop mig och satt tyst, fast maken hörde att jag ventilerade min sorg. Jag sa till maken att jag mest var barlasts. Precis så kändes det. Idag kunde jag inte hantera den Rie, som annars försöker hitta det fina i det tunga. Det var lite up your face – att jag inte har intellektet kvar.

För att lindra min ångest åt jag. Sedan åt jag igen. Ännu mera glass, och ännu mera, och sedan lite mer. Och äppelpaj! Det hjälper på ångesten. En stund. En ganska ynklig liten stund. Sedan behöver jag mer att äta. Och nej, kräks gör jag inte, inte ens när jag är magsjuk. Det är ett under att jag inte väger 100 kilo. Fast snar kanske….

Och en dum sak till – också denna starroperation inställdes. Denna gång för att dagens läkare inte klarade den när det gällde starr och en lins som tar bort mina brytningsfel. Nu ska jag hitta annan chaufför till den nya tiden, hade annars varit trevligt åka med brodern dit. Det passade också honom, men nu får jag ser hur vi löser det nästa vecka.

Funderar på om jag kan hitta en alzheimerkompis. Kanske jag ska ta och efterlysa någon. Någon dement som jag. Det passar ju också bra eftersom att det är Alzheimerdagen i morgon.


## 2022-09-22 – Psykologen

Jättestressad när jag själv skulle köra till Psykologen. Jag vet ju om mina saker är med. Letar och letar och finner dem också, men lika fort har jag ju glömt det. Mår riktigt uselt dåligt. Jag styr inte längre hur jag mår eller vad jag kan. Psykologen är bra som vanligt, det är på min sida av bordet som det är fel. Skönt ändå att få ge ord på mina tankar. Psykologen undrar om jag kanske skulle må bättre om jag blev inlagd ett tag? Det finns inte något skäl att tro att jag gör mig illa nu, så jag kan vänligt tacka nej. Psykologen försöker få fatt i läkaren, men blir sedan erbjuden en tid nästa dag. Är så trasig och osäker när jag kommer ut i bilen igen, så jag ringer och ber om hjälp av syster, så att hon hjälper mig dit nästa dag. Har jag nämnt att jag hatar det här!? Visst har jag... Vet inte vad jag mer gjorde den dagen, men kanske gick jag en promenad, och la kanske några bitar på mitt pussel.

Inser att jag nu har skrivit anteckningar här i ett år. Hade först tänkt skriva i ett år och sedan sluta, men det finns något lugnande med att skriva ned det jag upplever. Fortsätter alltså så länge som det ger mig något.

## 2022-09-23 – Ett år av anteckningar

Vaknade av att någon jobbig människa bankade på dörrar och fönster. Jag försökte huka under täcket, men syster lyckades väckta mig! Tack Hans! <3 Hon hade misstänkt att jag inte skulle klara det, så hon körde hit så att jag hade en halvtimme innan vi var tvungna att köra.

Jepp – Jag sover så tungt att det knappt går att väcka mig. Undrar ibland om jag någonsin mer skulle vakna, om inte någon väckte mig. En ganska vacker tanke egentligen, men, men, mina barn! Mina syskon, min man, släkten, vännerna.....?

Doktorn var väldigt tålmodig, så pass att jag själv funderade på om han nu hade tid till sina andra patienter. Vi talade och vände och vred på hur jag hade det. Och ja – det var ju dåligt. Också doktorn erbjöd inläggning vilket jag tackade nej till. Inte heller då, fanns det något hot om att jag tänkte avsluta mitt liv inom kort, så doktorn erbjöd inläggning vilket jag tackade nej till igen. Han sa också att jag när som helst, dag eller natt, kan komma in via akuten. Fick också medicin,Oxascand 5 mg, som jag kan ta om jag får för mycket ångest och stress. Vad döden anbelangar, så hoppas jag att jag kan och vill, hålla mig till min agenda.

## 2022-09-24 – Bröllopsmottagning och födelsedag

Upp i arla gryning och sedan iväg till Skåneland. Fina systersonen skulle vigas. Vi körde lite fel, men hann precis komma i tid. Våra barn var i fas, så det var vi föräldrar som kom fel. Svårt dock att se brudparet från var vi satt. Men så kan det ju bli när man kommer sent. Efter vigelsen var det mingel med dryck och diverse snittar och söta saker. Efter det skulle brudparet vidare till middag och övernattning, där endast de närmaste var med.

Vi hade då planerat att hålla min födelsedag hemma hos Simonskatten. Han och flickvännen fixade maten, och Alfred hade bakat en mumsigt värre god kaka, med glass, som vi startade upp med. Sedan spelade vi lite spel tillsammans, men där blev det väldigt, övertydligt att jag inte kunde följa med. Sorgligt för dem att se, och överdjävligt att uppleva för mig. Men kärleken till och från barnen, gjorde det fint. Efter paus var det dags för tjusig och god tårta som Bulle skapat. Jag fick fina presenter av allihop. Förmodligen mer än jag har förtjänat. Nyttiga, ekologiska godsaker och xxxx – 10 träd från Simon med flickvännen F, en önskad fin tavla från Alfred, och ett presentkort på aktivitet som jag och Belle kan göra tillsammans, eller kanske med våra makar också. En fin kväll fast det anades lite dämpad sorg. Och ja – vad kunde det annars anas?

## 2022-09-26 – Hemma igen och städ på gång

Sitter uppe och skriver medan städfirman jobbar där nere. Jag har gjort min del av städet, dvs, pyssel och plock, hänga fram nya handdukar, bädda rent etc. Blev väldigt orolig ett tag, men tog då en av de xxx som jag har fått på recept. Det hjälpte en del. Jag tål inte mycket. Känns som att demensen blivit värre. Kräktes lite i sängen inatt! Öhe, varför?! Det går utför med tanten.

Nu känns det lite bättre. Min del av städjobbet är klart. Mina anteckningar är gjorda, och vad jag mer gör, gör jag utöver. Man får inte sätta ribban för högt, när det är både trögt och tröttigt i kropp och knopp.

Nu hör jag regnet kraftigt därute. Hade tänkte mig en promenad, men det kommer torrare promenader. Får ta tag i att träna härinne istället.

Borde finnas någon sjukdomsinstans där jag kunde överklaga mina sjukdomar. Varför ska jag leva med både kronisk värk, och demens? Det är frågan. Men å andra sidan – varför skulle det inte drabba mig...?

Blev vid datorn visst. Har tänkt på att skaffa en demenskompis i min ålder. Jag vet ju att vi finns, så nu har jag annonserat.;)

https://www.facebook.com/groups/demensforbundet/

## 2022-09-27 – Har ingen aning om vad hände då

Minns i alla fall att dottern och jag tränade tillsammans, (över nätet). För övrigt har jag säkert lullat runt hemma och letat efter mina saker ... ;) Alzheimers sätter pinnen i hjulet, lite som att slänga sig i väggen. Det ger inte så mycket... Tror mig minnas att jag plockade de sista björnbären och tog hand om äpplena som ramlat ned.

## 2022-09-28 – Ögonoperation

Brodern hämtar mig och kör mig till Kristianstad. Operationen gick bra. Satt fint (halvliggande) stolen, kanske mest för att jag fick något lugnande innan de började. Brodern fick en lång dag med sin förvirrade lillasyster.

För att vi satt och pratade så körde vi fel. Vi fick då syn på vägskylten som pekar hem till dotterns tillhåll, så därav svängde vi in och fick vi en kaffe och en liten prat hos Bulle med make.

Kan stoltsera över ett rött öga, om det nu ens är något att stoltsera med...

## 2022-09-29 – Gynmottagning – och inköp av jacka.

Den förra blev jag ju av med, sist, när syster följde med mig till staden, där jag tydligen tog av mig den och hängde upp den någonstans i butiken. Det finns allt för många ställen där saker kan komma bort!

Hoppas att virusen och cellerna skärper till sig, så att vi inte behöver springa där i tid och nutid. Systern hade fulölt sjå med att hitta de saker som jag spred runt. Puuuhhh! Jag behöver, verkligen, en som följer mig som stöd.

Hoppades kunna se bra i går, vilket ju var lite av ett önskescenario. Tålamod är dessvärre inte mitt motto. Kanske jag ser bättre i morgon?

## 2022-09-30 – Obokad dag

Sov som en klubbad säl (grymt :( ), i ca tio timmar. Sedan tog jag ena droppen i ögat och blundade i sängen, fast slumrade igen. Efter ännu en påminnelse av min telefon tog jag nästa. Sedan sov jag ännu mer. Jag har förstått nu hur tröttande det är att vara demenssjuk!

Efter frukost var det jobbigt, vilket det oftast är. Vad som jag egentligen gör mig orolig är inte helt utrett, (av mig).

Ibland tror jag att det är en biverkning av medicineringen, av det faco att jag är demenssjuk, eller för att den jag är, inte riktigt är den som jag tidigare har känt. Dessutom ändras det undan för undan. Sug på den karamellen du Rie.

Samordnaren ringer för att kolla hur jag har de t. Jag svarar som jag har det. Tog den lugnande tabletten (som jag fått på geropsyk), eftersom jag nästan alltid mår dåligt på förmiddagen, eller rättare den tid som *jag* kallar förmiddag. Krister kom hem lite tidigare då han slutar lite tidigare på fredagar. Vi hann ta oss en fin promenad, och bl.a. se hur det ser ut efter vildsvinens framfart. Än så länge har de inte kommit in på vårt tomt. Nya jackan blev invigd och visade sig bra! :)

P.S. Rie, häng inte upp dina kläder, särskilt i secondhand affärer. Har ringt och efterfrågat den utan napp. Får hoppas att någon annan kunde få användning av den, även om dragkedjan ju är trasig. D.S.


## 2022-10-01 – Ser inte med mina glasögon

Provade att lägga pussel. Helt kört. Sitta vid datorn – Jobbigt! Tjurar och gnäller. Går ner igen och ser om jag kan/orkar göra något idag. P.S. Jag har inte tagit den xxxx medicinen idag. Kanske för att jag fick för mig att baka en kaka… Söt och kladdig knäckigäppelpaj med äpplen från trädgården. Blir väldigt trött av att baka numer, eftersom jag jobbar förtvivlat för att få ihop alltsammans rätt. Ger upp skrivandet, vet inte om det jag skriver blir rätt…

## 2022-10-02 – Nya jackan invigd

Jepp. Efter gynmottagningen skjutsade syster mig så att jag fick en ny jacka. Behöver verkligen någon med mig när jag ska något. Lägger mina saker lite var som helst! Det var alltså inte bara en jacka vi letade efter, utan också alla mina impulsers nycker. Sämsta bortlaggning (ny glosa), var att jag la min plånbok på vindrutan, och efter det lade jag den på en hylla i en hälsokost..

Kan tänkta mig en dos av den nykomna demensmedicinen. Ni hittar mig här, när randomiseringen ska påbörjas!

## 2022-10-03 – Hopp om (rätt) celldöd

Kakan alltså, den är för god helt enkelt. Den hade allting jag vill ha av en kaka. Däremot är det svårare att baka. Nu förtiden tar det låååång tid att baka en kaka, och det kräver oerhört mycket energi. Litar inte på mig själv och dubbelkollar allting. Men inte heller det verkar så bra. Precis när jag hittar mjölet får jag ett nytt uppslag, vilket gör att jag snabbt byter aktivitet till att vattna blommorna. Hittar också mig själv i hallen, varför då? Jag styrs helt av mitt usla korttidsminne och av impulser. Hela dagen.

Det är inte kul alls, att betrakta det uppenbarliga, nämligen att jag knappt kan baka en sketen kaka! (Även om den var sjukt god!)

Har mycket problem med att inga av mina glasögon fungerar. Att någon då bryskt slänger i en Joker i leken, gör tant än mer uppgiven. Har först tid hos optikern d, 12/11! Och först därefter ska nya glasögon beställas, (jag använder 3 -4 olika par mest varje dag). Bara tanken, kan få mig att vilja avsluta det hela, innan mitt blygsamma arv ätits upp. I både krasst och korrekt …. ,nu tog det stopp. Huvudet behöver vila. Det behöver det ofta.

Bakade den i förgår och än har jag bara tagit en ganska medioker portion. Jag märker att jag skriver något bättre, och hittar orden någotsånär. Men korrigerar också så att det blir läsbart.

Kakan då? Undrar ju var och en? Hur god var den på en skala på 0-10. Absolut en 10:a! Men eftersom det börjar bli lite av en ovana, så ber jag härmed att nästkommande cell-dödskluster, just exakt ska innefatta det som var i kakans. Någon enda fördel med att ha Alzheimer, ska det väl ändå vara. Sjukdomsvinst är ordet! Jepp, det är det jag vill ha! – Och allt om kakan – är (inte) ett minne blott!

Hade precis kommit på ännu en sak till att skriva. En bra sak vill jag mena att det var, – men den sekund som det tog för mig att klicka upp denna sida igen, så var allt glömt och begravet.


## 2022-10-05

Ännu en dag med demens. Opraktiskt och skavande är vad det är. Jag strimlar brev och papper som jag inte längre behöver. Har jobbat med det, både i går och i förgår. Igår hade jag träningspass med dottern, d.v.s. att jag inte får träna p.g.a.

att jag har opererat ögat. Det fick bli en promenad utomhus tillsammans, fast Bulledottern var hemma hos sig, och jag hemma oss mig.

Idag lagade mat, blääh, men blev gott. Vegetarisk gryta med bl.a. quornbitar, havremjölk, morot, pumpafrön, blandade grönsaker och svensk havre. Till det blev det en sallad med vitkål, tomater, egen-groddade ...., där försvann det. De där små gröna... Just det – Mungbönor var det ju! Det är gott!

Idag promenerade jag med yngsta sonen, som satt på ett tåg på väg hem från sin praktik. Själv tog jag mig en promenad, medan vi pratade. Fina barn har jag, det vill jag säga!

Maken och de vuxna barnen tar över mer och mer av sådant jag gjorde tidigare, ex. boka familjeträffar, ordna presenter, och ha koll på vem som kan på vilken tid o.s.v.

Med gemensamma vänner är det också så. Jag klarar inte, eller orkar inte, men det är för mycket. Logistik var annars mitt gebit.

I kväll pratade vi med våra nya golfvänner i telefon. Ska bli roligt att se dem, och att prova golfandet. I morgon ska jag till psykologen. Bra.

Nu – om inte ryggen bråkar för mycket, så ska jag gå ner och sitta lite med mitt pyssel med Diamonds Pearls. Det är små, mycket små pärlor som jag sätter fast. Jag har hållit på med den i flera år (Kanske fem år..) Dags att få den avklarad och upphängd!

## 2022-10-06 – Stress, förkortning och stress

Fick ögonen på gårdagens text. Fingrarna mindes vad det var, men själv blev jag mycket förvirrad. För vad betyder d.v.s.!? Märkligt, att ett ord jag har använt i alla tider, plötsligt är främmande. Det händer hela tiden. Det kan den starta med att sluta med. Efter letandet i mitt huvud, gick jag istället till förkortningen d.v.s. Därför slog jag upp det på datorn och just det ja, det har ju varit en lite bra förkortning. Ska se till att behålla det ett tag.

I går kväll fick jag en uppenbarelse. Jag såg framför mig hur jag radade upp mina prylar som skulle med idag. Jag la dem på bordet i vardagsrummet, där jag också många gånger går förbi. Slugt tycker jag. Varje gång jag såg bordet, kunde jag se hur fint de låg där. Det gjorde mig stolt och lugn. Men sen då…, då skulle jag ju iväg till psykologen, och då måste ju sakerna ner i väskan. Som ett litet barn förmådde jag inte att varsebli sakerna som jag inte kunde se. Inte ens när det ju var jag själv som hade glömt/gömt dem. Poooff! Och allting var borta! (I väskan Rie, I väskan!)

Det var ju liksom därför att jag skulle ut och iväg, och då kom stressen. Den med stora stressen! All planering inför avgången sket sig. Blääääh. Började dubbelkolla dörrar, grejerna. Har jag sakerna jag behöver? Klarar jag det? Tryck över bröstet, kramigt i halsen, pulsökning av rang, och inte minst piiip i huvudet, och så klart, det välkända tryckandet runt huvudet.

Nu blev jag trött och sömnig. Ska avsluta detta och hitta mig en sovplats.

## 2022-10-08 – Golf och golfvänner

Jepp, det var verkligen golf vi var på! Varken jag eller maken hade provat på golf tidigare. Det var ett par mycket fina och trevliga dagar, med engagerade golflärare, så vi fick verkligen prova på. Andra dagen behövde min ömma kropp vila, så därför roade jag mig med att köra den ena golfbilen. Kul! :) Det par vi besökte var en del äldre än oss, så det kändes helt rimligt att vi hyrde golfbilar istället för att gå.

Efter ett par fina dagar, tackade vi värdparet för det fina förtäring och fint bemötande. Hoppas att vi ses igen, kanske om de kommer hit, eller om vi ses på en golfrunda.

Jag fick också två pussel, varav ett av dem var från 1930, utan bild att titta på. Det kan bli spännande. Det spelades också backgammon, något som jag fick ge upp. Det skulle vara allt för svårt för mig. Passade på att berätta kring min diagnos innan start av spelet. Trist, men å andra sidan kunde jag inte få annat än stress, om jag skulle ha provat. Det är särskilt obrukbart när man behöver ha ett korttidsminne, något som jag då kom ihåg att berätta…. ;)

Trött nu igen. Ska strax ber och sova. Nu vill jag gärna ha några veckors vilande från utflykterna.

Har skrivit en lapp om att jag är skyldig dem lite pengar. Glömde det. Hoppas de har swish, eller så ordnar vi det på annat sätt.

## 2022-10-10 – Hemma med städ

Sitter uppe vid datorn medan städfirman håller på. Jag har gjort det jag kan. Ser grumligt så som det är när glasögonen inte passar längre. Har tid till optikern på onsdag. Behöver bara få fatt i en hålldam som kan vara med som stöd. Känner mig ju inte längre säker på mig själv, vilket ger mig mycket stress. Så mycket bättre är det om jag har med mig någon.

Solen lyser fint så en promenad ska jag få till när städet är klart. Gissar att katten Melina gärna följer med på turen.

Idag ringde handläggaren (LSS), men han hade inte fått någon info från Geropsyk. Fast jag menar att det nog har fått, men vad vet jag. Samordnaren var inte på plats i dag, så jag ringer i morgon igenom det. Fick igen ett stresspåslag igen så jag tog en av mina lugnande tabletter. Har annars inte tagit någon av dem under flera dagar. Känner mig allmänt tjock, slö, matt, förvirrad, stressad och ful. Håret är skitigt eftersom jag inte får tvätta det, (p.g.a. ögonoperationen), och smink skulle ju kunna hjälpa lite på det, men i så fall får jag ju bara sminka det ögat som inte är opererat. Tänker att det då är bäst att bara släppa det. Ser konstig nog ändå, utan att jag är halvsminkad. Jag har inte berättat för städfirman om min diagnos, vilket jag bör göra snart. Jag hade ju städfirman innan jag blev diagnostiserad, så det har inte ändrats p.g.a. det.

Passade på att vattna blommorna här uppe. Nu för tiden har jag inget system m.h.t. blommorna. Jag skvätter lite vatten här och där, när jag ser att de törstar.

Skrev lite med min »demenskompis« i går. Hon ville gärna prata i telefon, men jag var tydlig med att jag inte klarar i fall att det plötsligt ringer, utan att vi i så fall ska bestämma tid. Vi enades sedan om att Alzheimers är en skitsjukdom! Kan tillägga att hon bor långt ifrån mig, och det jag hör från henne låter inte bra. Jag har ju verkligen fått bra stöd och hjälp ifrån Geropsyk i Växjö. Hatten av för det. :)

## 2022-10 13 – Vildsvin!

Tisdagen tycks ha glömts i min hjärna. Hur jag än anstränger mig så har jag ingen aning om vad som hände. Jo! Jag minns nu att jag ringde syster och Camilla för att se om någon av dem kunde hjälpa mig så att jag kommer till optikern. Det blev fixat så att Camilla kunde hjälpa mig. Säkert åt jag och promenerade. Vad jag inte trodde – var att vi hade ett gäng vildsvin i trädgården på natten. Gräsmattan ser ut som om det vore en plog. Inte bara det – de har också bajsat många svarta, kladdiga bajsar runt om på tomten.

Onsdagen gick den med, där det mesta fokuserades på att beställa 3 par nya glasögon. Svettigt, inte minst med tanke på priset! Bäva! Huka! Camilla kom i alla fall och hämtade mig, och fungerade ypperligt som hovdam . :) Efter en fika letande hittade vi också en fin tröja till Simon, som snart fyller år. Belle fyller också år, och också den är fixad. Guldstjärna på det!

Torsdagen var ok. Har trots mina minnesproblem hållit ångesten sig borta. D.v.s. att jag tog en av mina vid behovstabletter en av dagarna. Jag vet inte varför det blivit lite bättre att bo i mig, men jag tackar ödmjukt över vilostunden som jag gavs. :)

Idag skulle jag haft ett telefonsamtal med min demens-kompis Annica, fast det blev inte av p.g.a. att hon då fått besök av boendestöd. Vi bokar en ny tid, och eftersom vi har problem med minnet, så får vi båda översläta diverse missar i vår kommunikation.

Ser ni, hur bra jag skriver idag. Har inte haft tryck över huvudet på 2-3 dagar. Märkligt. Jag äger nog på att vara dement! ;) Nu när jag skriver blir jag trött, men på ett vanligt sätt... Fast en annan sak är att jag drömmer och drömmer och drömmer, ibland spiller den ena nattens dröm, över i nästa. Som i en tv-serie.

I morgon ska jag själv köra lilla bilen (själv) till Emmaboda och vännen D. Hon tänker bjuda på lunch och säkert något lite sött också. Och kaffe så klart! På agendan har vi som vanligt också en promenad. Bilturen dit är ok, för där är inte mycket trafik där.

## 2022-10-16 – Demensvän och frisk vän

Igår kväll lyckades vi dementa prata tillsammans i telefon. Först lite tvekande och avvaktande, men sedan snackade vi löst. Allt vad en av oss berättade, kunde den andra av oss känna i igen. Det blev en lång promenad med lurar i öronen. Perfekt, då blev motionen avklarad. Vi bestämde att vi ska höras nästa gång om ca en vecka. Det kan nog vara en bra plan.

Jag mår dåligt i kroppen. OM det är min bromsmedicin, eller om jag är orolig kan jag inte lura ut. Det är darrigt, osäkert, och pulsökt, (ett ok ord...?)

Mina ögon är inte med mig nu för tiden. Mitt opererade ögat gör ont av ansträngning (tror jag). Jag har blivit tvungen att beställa 3 par nya glasögon!! Med min blygsamma inkomst jag har numer, så är det en stor utgift. Ingen av mina tidigare tre fungerar, läsglasögon, bilglasögon och datorglasögon. Har inte klurat ut riktigt var de pengarna ska komma ifrån...

Ska också till tandläkaren för att en tand har gått av, och för att göra den årliga kollen.

Sålde i a f en säng för 350:- idag. Det är ju ändå ett bidrag. Det är ju värt en liten silverstjärna.

I fredags åkte jag själv i lilla bilen till Emmaboda. En stor sak för mig, men en bagatell om det hade varit för bara tre år sedan. Som väl är bor vännen så att jag lätt hittar Dit (fast jag kör fel ändå), och inte ska köra bland mycket trefik. Vi tog en lång promenad och sedan åt vi äggmackor, och därefter fika och kaffe. En lyckad och fin eftermiddag. Jag vill ju också komma till henne, och se hur hon har det, och så att hon inte alltid ska köra.

Jag ger upp det här nu eftersom det gör så ont i ögat när jag anstränger det.

Kan tillägga att jag överraskas över mycket av det jag skriver. Det mesta är ju liksom glömt. Bra att ändå få en del på print, så att något stannar kvar. Noterar också att det minnen som ändå skapas, inte säkert hamnar på rätt tid. Något som hände nyss kan kännas gammalt, och tvärtom.

Kan också tillägga att det bekanta trycket över huvudet är tillbaka. :( Ska ringa Alfred ikväll, tar mig nog en distanspromenad med honom. :)

## 2022-10-18 – Hemnes och kuben

Måndagen gick mest till tandläkaren. 1600:- kostade det. Puuh... Tandstatusen var ok, förutom den nykomna sprickan i ~~kindstenen~~, kindtanden..., heter det så..? Vågade mig också ett snabbt litet besök i Konsum., vilket oftast ger mig stresspåslag. Men på något sätt hittade jag kraft och vågade mig in och köpte ett par saker. Jag äger på att handla! ;)

När Krister kom hem så åt vi och tittade på ett avsnitt av en dokumentär som vi ser tillsamman. Sedan kallade jag till husmöte klockan 19:00. Behövde samla ihop oss om diverse grejer. Vi bockade av våra punkter, och därefter tittade vi efter en bänk till verandan. Många såg vi, internet är fullproppat, men efter att ha tittat runt bestämde vi för ett hemmabygge, fast med köpta luckor.

Det konstiga var att när vi letade efter en särskild hylla, så sa jag plötsligt,»Hemnes heter den«. Varför finns den på plats i min hjärna, när annat och mer matnyttigt faller bort? Inte nog med det, vi letade också efter några små luckor och lådor, något som fick Krister att pusta,»Men hur ska vi hitta dem?« Då säger jag,»Kuben heter den!« Hjärnan leker sannerligen med mig!

## 2022-10-19 – Sjuksköterska och egna systern

Vaknade i vanlig tid och åt mig en frukost. Tog hand om katterna och plockade lite. Klockan 13:00 kom sköterskan på avtalade tid, och hon stannade ca en timme. Diskuterade dagens fördelning av medicinerna, och vi pratade om eventuell dosett. Hennes tips kan kanske göra att jag slipper det obehag jag har av mina bromsmediciner. Ett bra möte och en ingång, när- och om – jag behöver deras tjänster. (Vilket jag ju säkert komma att behöva.)

Nu är mina ögon mycket ansträngda igen, så jag måste vila dem (och mig), innan jag ska åka till syster om några timmar. Så – vilande – får det bli!

## 2022-10 -20 – Psykolog och ändå inte

Vaknade idag och kände mig sjuk. Huvudvärk, ont i halsen, snuva och allmänt hängig. Tråkigt! Mest gnällt till mig själv och katterna. Först vid 18:45 kom Krister hem från jobbet. Då pratade vi och bestämde kring maten och efterrätten, som vi ska ha på lördag, då Belle och Simon ska gratuleras.

Om jag är pigg nog så tänker jag åka till vattengympan, men det hänger på om jag är pigg. Hoppas det!

Märker att mitt öga krånglar mer nu, hoppas att jag inte får efterstarr. (Ett nytt ord som jag har fått bekanta mig med). Men varför inte..? Jag är under anfall på flera nivåer. Cellerna i underlivet, knölen i bröstet, viruset och sedan själva huvudsaken – Alzheimer! (Då har jag inte nämnt min kroniska värk).

Ville skriva något mer, men det tappade jag bort. Jag vill mena att det var ett särdeles smart och klokt inlägg, ett som eftervärlden nu inte kommer att få bevittna. .. ;)

Hade egentligen en tid hos psykologen, men eftersom jag var krasslig hade vi ett kortare samtal i telefonen. Det var lite svårt för mig. Psykologen ska ju sitta mittemot mig och tala kloka ord. Avståndet och krassligheten gjorde att jag inte kunde ta det till mig, så som jag annars kan.


## 2022-10-21 – Basäng och bortkommet klippkort

Viruset höll sig i schack, vilket gjorde att jag gick på vattengympan. Bra för både knopp och kropp tänkte jag. Men..., mitt klippkort försvann! Jag som hade kollat att jag hade allt med mig. Framme på vattengympan fick jag låna ett »klipp« så att jag kunde vara med, men jag grämde mig förfärligt över att ha tappat bort det. Hade en förhoppning om att det låg kvar hemma, vilket jag egentligen inte trodde på. Tycket ju att jag hade det med mig! Väl ute i väninnans bil tittade jag efter det igen, men nej. Väl hemma tittade jag efter det överallt. Sedan letade jag ännu mer. Där och då hatade jag min sjuka hjärna. Efter två timmars letande till så gav jag upp. La mig på sängen och kunde efter ett tag slumra till. Då kändes det något bättre och jag började acceptera att det var borta. Skrev till väninnan och bad henne att titta i bilen när hon kom hem från något annat hon var på, men framåt kvällen så skrev vänninan att det ändå låg i ~~mittkon~~, ~~mittkonsullenten~~, alltså där framme i mitten!

Mitt öga är mer och mer besvärligt. Kanske för att mitt öga läker dag för dag, vilket gör att mina gamla glasögon passar ännu mer? Kan i vart fall lova att jag tycker det är j o b b i g t!

## 2022-10-23 – Födelsedagar, familjemys och pussel!

Fina familjedagen med alla barnen. Simon och Belle blev gratulerade med sång, mat, kakor, och finsång på danska och svenska som brukligt. Mina ögon är mycket besvärliga så jag skriver kort. Vi började i alla fall på ett gemensamt pussel som var mycket svårt. Vi får fortsätta med det till julen. Alla är på jobb eller studier, så de var här eftermiddag och åkte efter gemensam brunch. Killarna och Krister besökte också farmor, innan Krister skjutsade dem till tåget. Kul att de fick ihop det så att de åkte både hit och hem tillsammans.

Vi har fått en sjöpromenad! Jag har redan gått den några gånger med katten Melina. Fiskatten, hon går sina egna promenader.

## 2022-10-24 – Besök från pappsöster med man – och försenat städ

Denna dag fick vi besök av min danska bonussyster med make. Det blev lite tight eftersom städfirman kom sent, men de hann precis det de skulle, och jag hann med att duka. Efterrätten var gjord i god tid innan. Krister satte in pajerna medan vi andra tog en promenad i omgivningarna. Det blev en trevlig kväll, även att det var en måndagskväll, vilket gjorde att vi bröt upp vid 21:30 – vilket vi hade flaggat för, eftersom Krister måste komma i tid i säng. Själv kan jag göra lite som jag vill, eftersom det inte förväntas att jag presterar något precis. Lönen d.v.s. sjukpenningen kommer av sig självt. Det är inga stora slantar jag får, å andra sidan så tycks det räcka ändå. Krister har ju en arbetsinkomst vilket räddar upp det hela.

Denna dagen ringde de från optikern – mina glasögon har kommit! Camilla var snäll och lovade köra mig till optikern dagen efter. Tack!

## 22-10-25 – Glasögon gånger tre

Camilla kom och hämtade upp mig och körde till staden. Sedan var det lite pyssel med glasögonen, innan jag gick ut som en 3-pars ägare av glasögon, (visst lite skum meningsbyggnad...). Jag kan se! Halleluja! Helt klart en stor guldstjärna på det! (Lite dumt bara att jag ställde ifrån de nya glasögonen inne på HM där jag köpte ett paket servetter...) Så är livet numera. När jag Camilla kom för att hämta mig från optikern, skulle jag som tur var visa C dem, så vi hann inte köra iväg. In igen for jag, och där stod samma expedit som leende gav mig påsen med 3 helt nya par glasögon! Gissa om jag hann få lite stresspåslag då de 3 paren, kostade mer än min gamla bil...

Vi tog en fika också på Röda korset, innan vi också med en promenad i Bokhultet.

## 22-10-26 – Glasögonglädje och demenskompis

Idag ringde chefen som har hand om boendestödet. Hon undrade om hon, och två av hennes medarbetare, kunde komma på måndag. Till det sa jag ja.

Och ja – jag klarade att betala mina räkningar alldeles själv!! Undrar om ni förstår hur svårt det egentligen är? Fast ibland är jag inte så sjuk. Andra stunder är det däremot helt kört...

Tog en lång promenad medan jag pratade med Annica, min demenskompis. Härligt att ha en kompis som verkligen förstår hur det är.

Och synförmågan – Den förmågan vill man absolut inte vara utan! Det är faktiskt så som man sa i skolåldern, när man skulle säga om vilket sinne som man helst skulle vara utan om var tvungen, och ja – för mig ÄR det ju så. Det flesta dofter går mig förbi. Det ska mycket till innan jag känner lukt. Typiskt för en dement som jag.

Nu behöver tanten lägga sig ner. Ryggen är nu sur och värker. I morgon kommer BulleMi, (min dotter) vid 10:00, då hämtar hon mig. Jag är med som hovdam och sällskap. Sedan kommer vi tillbaka på lördag kväll. Dottern ska tenta på fredagen, och då passar jag på att träffa vännen Rocita, för en promenad, kanske en fika eller en lunch, eller vad vi nu hittar på.

## 2022-10-27 – Med dottern till Uppsala

Tentadags för dottern igen. Det hela gick bra, och nu inväntar rättningen. Hoppas verkligen att hon klarar den, den här gången! Vi vet inte ens *hur* många ggr hon har tentat den. Den enda större fadäs var att jag la ifrån mig min mobil på en mack. Det tog sig en stund innan den blev återhittad... Det löstes av att dottern ringde till den, och att personalen svarade på den. Det tackar jag- och – vi för det! :) Stor Guldstjärna var de värda!


## 2022-10-28 – Lång promenad med guidevännen – och dotterträning på hotellet

Medan dottern var på tentan gick jag en lång, (jag menar verkligen det), promenad på tre och en kvarts promenad! Vi såg mycket, pratade och vidare. Efter promenaden blev jag bjuden till Rocita, där jag bjöds på mackor, kaffe och kakor. Mums!

När det började bli tid för mig att återvända till vårt hotell, så passade jag och dottern också på, att ta ett blygsamt träningspass, fast då bara lite styrka. Efter duschen mumsade vi fika i sängen, och därtill en liten hink full av små tomater.

På lördagen såg vi Uppsala Kyrka, slottet, och universitetens evolutionsmuseum samt det biologiska. Därefter vände vi på skutan för att komma hemåt igen. En fin samvaro med dottern och med vännen. Praktiskt att dotra mi tentar i Uppsala!

## 2022-10-30 – Det kommer in från sidan

Ja – det känns faktiskt så! Ibland när jag går runt här hemma och tänker på vad jag nu än tänker på – så dyker (tankarna) inte fram uppe i huvudet, utan de kommer in från sidan! Som små ettriga kilar som knackar på och vill ha uppmärksamhet.

Lite som att någon, eller något, vill säkra mitt intresse, och då gärna från min vänstra sida. Spooky är namnet...

## 2022-10-31 – Boendestöd, eller ändå inte

Väntade att boendestödet skulle komma på sitt första besök. Så blev det inte, tre kvart innan överrenskommelse ringde den ansvariga chefen och sa att hon hade fått förhinder. Sådant är svårt att hantera. För mig är ett besök i vårt något stort. Något jag ställer in mig på. Så pass att jag har svårt att tackla det. Fast visst, jag vet ju att saker dyker upp – och också jag har fått ändra på tider.

Bortsett från det så är jag i en ganska bra fas. Inte så dement som innan (och ja – jag *vet* att det är en tillfällig uppgång. Jag kommer snart att dyka ner igen.

## 2022-11-03 – Promenader och kuddar

Två dagar med fokus på promenader och inredning. Det är nog första gången jag använt det ordet i mitt/vårt hem. Inte mera, mindre så skulle jag inreda hemma med nya kuddar, eftersom det inte gick att ha kvar de längre p.g.a. att den nya mattan inte matchade den nya.

Har ganska ont i ryggen sedan ett par dagar. Har inte orkat det jag hade hoppats på men har fått två längre promenader, ena dagen med Dorthea – och idag med Camilla. Bägge väninnorna fick följa med till tygaffären. Bra att ha sådana vänner, för jag känner mig osäker om jag ska ta mig till affärer och så.

Ska nu sträcka ut mig i sängen. Igår kväll hade jag svårt att somna p.g.a. värken. Hoppas det är bättre i natt.

Kom också ihåg att skicka en födelsedagshälsning till brordotter. Bra jobbat vill jag mena. Liten guldstjärna är det i vart fall!

Börjat banta också, om det kan jag förtälja att jag suger.

## 2022-11-04 – Vattengympa och systerhäng

Började med att jag var lite försenad till träningen. Lite stress av det, men värre var det med syster som inte kom alls. Ringde henne och vi bestämde att jag körde ut till henne. Efter lite fika åkte ut till Algustboda där både Lise och Frank ligger. (Min mor och min styvpappa).

Det är verkligen inte lätt att ta mig fram utan någon som finns som stöd, så att jag inte blir av med alla mina pinaler.

På tal om det så ringde LSS-chefen ute på kyrkogården. Kallt värre! Men…, då fick jag samma tid igen, alltså den som jag inte kunde ha.

Bantar gör jag fortfarande, fast blygsamt.. ;) Värre är det med demensen, den är inte särskilt anspråkslös!

## 2022-11-05 – Matlagning och ont

Hemma dag. Lagat massa mat vilket alltid gör min rygg fördärvad. Det är den lilla böjningen som ställer till det, men man måste ju ändå kunna se vad man har på skärbrädorna.

Bara varit hemma, inte ens en liten promenad. Tycker att jag skriver bättre. Också jag är bättre. Var tog den stora ångesten vägen? Med det vill jag inte påstå att det är en »Walk in the park«, att vara dement!

Pratade med äldsta sonen i telefon. Allt verkade bra, vilket alltid gör en mamma glad. :)

## 2022-11-07 – Städning och gammal smärtskola

Sitter på övervåningen, har gjort min del av städet, så nu gör städfirman det sista. Själva övervåningen tar vi själva när vi gör det…

I går tänkte jag på när jag gick på en smärthanteringskurs i 7 veckor. Det var i slutet av 2016, och början av 2017. Det slog mig nu att jag nog redan då, hade svårt med minnet.

Eller snarare var det så att jag inte kunde lära mig namnen på de andra i gruppen. Vi var åtta stycken och kursen var i sju veckor, men när de andra började kunna allas namn så hade jag inte koll på någon... Det var så pass att några blev sura på mig för att jag inte bemödade mig med att lära deras namn. Undrar om det berodde på utmattningssyndrom, värk, arrogans eller demens. Det som är klart är att jag kan se många tecken på demens redan då. Fast då visste jag inte varför.

Återigen kan jag se kopplingar mellan mitt påstådda utmattningssyndrom, och de värkproblem jag hade (och har), och de problem jag lever med nu. Tänker jag bakåt så hade jag redan då Alzheimers.

Idag har jag skickat meddelande om ifall min demenskompis vill prata i kväll. Annars i morgon, om det passar henne bättre. En promenad kan bara vara bra! Tränade med Dottern över nätet igår. Det gäller ju att hålla tant i gång!

## 2022-11-10 – Katter, psykolog och boendestöd

I förgår var vi iväg med katterna. Tyvärr måste vi in igen eftersom vår Fisflicka (Lilltass), också måste sövas för att fixa med tandsten och annat. Dyrt och tidsödslande, eller egentligen inte, har man skaffat djur får man ju ta hand om dem.

Vad jag gjorde då i går...? Just det – det var ju då som en LSS-chef + medarbetare skulle komma. Det kändes bra.

Gick vår halvtimmes promenerade med Krister på kvällen. På tisdag kommer det en boendestödsperson – (tar gärna titeln på dem – tack! ;) Ser till att jag varje dag sorterar bort något.

Idag var det psykologdags. La de saker jag behövde i en rad på soffbordet. Då ser jag sakerna medan jag gör mig klar. Det klarade jag ganska bra. Fick naturligtvis en viss stress när jag sedan skulle lägga ner dem i väskan. Någon föreslog att ha mina saker i en genomskinlig kasse/bag, fast det lockade inte. (I min väska finns det mycket, exempelvis små lappar, nya tuggummin och gamla tuggummin – fast då med en liten pappersbit om. Det brukar finnas ett nytt par strumpor, tandpetare, migränmediciner, vattenflaska, ludd, öronproppar, plåster, nycklar till hus och bil, påminnelser av olika slag, ihoprullad regncape, plånbok, körkort och dagens dosett med mediciner. (Har inte för så länge sedan, bytt till en mindre väska, vilket har orsakat att jag inte har lika mycket med mig.)

Nåväl, körde själv (!). Trots att fick ok på att köra, så är jag rädd att ställa till det. Märkligt – Jag kör nog lika bra/ dåligt som jag alltid har gjort. Bra dock att få köra – så att jag kan ta mina små turer. Redan i morgon ska jag lufta den lilla bilen igen, för då är det dags för vattengympa.

Någon hade ställt sig väldigt nära min bil, men jag klarade det med. Hos psykologen är det bra. Där kan jag vända och vrida på både begrepp och obegrepp… ;) Jag behöver få ge mina tankar sägas högt. Vrida och vända. Fram och tillbaka. Jag mår ju något bättre nu och fortsätter med att sortera bort papper och saker. Det ger luft omkring mig och mer utrymme, både rent faktiskt, men också i sinnet. Och ja!! Just det! – Nu har jag ju inte lika mycket tryck över huvudet hela tiden!! Hatten av för det! :)

Med det så lägger jag punkt för denna dag – och i morgon har vi bjudit hem ett par vänner på lite fredagsmat.

P.S. Kom idag ihåg att berömma dem som jag har varit inblandade i min utredning/behandling. Har tydligen inte haft energi nog till att lyfta blicken till andra tidigare, men nu vill jag därför ge Er en eloge, för det professionella och erkännsamma sätt, som jag har bemötts av. Att det sedan sker i fina och avpassade lokaler, gör det bara bättre. Och det är ju inte bara jag som har fått hjälp, utan även maken och barnen. D.S.

## 2022-11-13 – Socialt umgänge x 3 – och så lite Ikea

Trevligt umgänge med ett par som vi inte sett på länge. Det blev en fin och trevlig fredagsafton i vårt hus. Vi enades om att det inte får ta lika lång tid innan vi ses igen.

På lördagen var vi på Ikea för att handla grejer till verandan. Vi valde Kalmars Ikea, för då fick vi en chans att också besöka min bror Peter och hans sambo. (Kan inflika att hans surdegsbröd var mumsigt gott).

Idag söndag var jag tillsammans med två tidigare kollegor, Johanna och Anneli. Efter lunchen blev det promenad till Granskogs K:a, och efter det blev det kaffe, kaka och prat. Jag lärde mig att jag inte är så förtjust i bananer till tacos, däremot lärde jag mig att kladdkaka och glass, sitter fint ihop med salta jordnötter! Mumsigt! Men – hur trevligt det än är så fick jag en känsla av att jag snart måste avsluta detta umgänge. Det känns som att jag inte vill se mig på detta sätt så länge till. Får se – rätt vad det är så kanske det känns bättre igen.

I morgon ska jag däremot inte vara det minsta social. En dag utan prat kan behövas, ska i och för sig ringa ett samtal till Demensfonden.

## 2022-11-14 – Vilar efter flera dagar med socialt umgänge – och ett bra samtal

Pratar bara en halvtimme med Demensförbundets förbundsordförande på riksnivå för att prata om hur vi som är yngre kan få stöd.

I övrigt pratar jag bara med maken lite grand när han kom hem. Sorterar, och slänger, papper. Det tar sin lilla tid att dö. Bokstavligt – Jag kan ju inte lämna allt mitt bråte till dem.

## 2022-11-15 – Boendestöd – och boksläng

Första dagen med boendestöd (visst heter det så..?) Jag vill ha hjälpen men vet ännu inte hur jag kan/ska använda den. Vi pratade och gick sedan en promenad ner till apoteket, där jag ville köpa Zink, hudkräm till Krister och en medicin. Ville köpa lite andra grejer men fick lämna tillbaka dem. Mitt kort är spärrat mest hela tiden. Det är inte lätt att vara dement bland koder, streckkoder, kundkort och allt vad det är. De tre viktigaste sakerna fick jag med mig hem, fast då fick Apoteket bjuda på två kronor. Tur att jag i alla fall de tre saker som jag ville ha. F a s t! Jag hatade att se mig som den förvirrade tant jag har blivit. Maken har hjälpt mig att ta fram lådor med böcker. Det är effektivt så till mena att det snart blir mycket som kommer ut. Men mina böcker!! Mycket av mitt arv från min mor har varit läsandet. Också min biologiska, och sedan min styvpappa har varit litterära. Kan man säga så...? Nu blev jag väldigt hjärntrött... kan inte formulera mig. Får vila mig en stund från skrivandet.

Just böckerna är ett särskilt kapitel. Förväntningen när man strax ska ta till sig en ny text, en som jag får lov att hålla och bläddra i, och som också får mig att känna lukten av själva pappret, (har inte luktsinne längre, men minns att jag kunde det tidigare). Också mina öron involveras när jag uppfångar ett ljud att lyssna till, det är lätet från det skrapande som uppstår när mina händer smeksamt bläddrar på det. Snart formas de ljud som ska skapa meningar av bokstäverna. Försiktigt smeker jag omslaget när jag har en ny bok i min hand. Jag vill titta på omslaget och läsa baksidan. Jag vill också se text och/eller bild av författaren, Därtill också förordet, årtalet, förlaget, vilket undan för undan, gör mig klar till att ta mig an den nya texten. Någon sa en gång att böcker är sexiga. Absolut! Först kommer urvalet av litteraturen, det är trevande först, för vad är jag sugen på? Sedan mera hungrigt allt eftersom texten blottas, och blir till en och samman upplevelse.

Det är en stor sorg när jag nu gör mig av med dem. Jag kan inte läsa böcker längre – och jag vill inte att maken ska behöva gå igenom de alla. Något får ändå bli kvar. Det är ex. uppslagsböcker, dikter, min gamla skolatlas, olika samlingsverk, trädgårdstips, kattböcker, uppdaterade skrivregler och så några böcker som jag av olika skäl, känner speciell förbindelse till.

## 2022-11-16 – Vilar mig med hemmadag och katter

Fast ska snart ringa kommunen för att skaffa kunskap om hur vår ekonomi blir när jag ska in på boende. Jag måste planera för att må bra.

Så mycket vilat blev det inte. Däremot är jag förbluffande flitig med att slänga böcker.

Jobbar också friskt för att få min »Diamond pearl« tavla, ska bli klar.

## 2022-11-18 – Dagarna går ihop.

De går både fort och samtidigt långsamt. Har så mycket jag vill ha avklarat innan jag blir klar.

Kommer jag någonsin vänja mig med att det plötsligt blir svart? (Precis så känns det faktiskt) Mitt i meningarna kan det ta stopp. Det blir svart. Kolsvart. Puff, puff, puffelipuff. Jag söker febrilt men det är helt borta. Ibland kan jag ha tur och haffar tanken igen, men allt som oftast så finns den inte där. Det kan dyka upp igen, men då inte nödvändigtvis när jag har behov av det... Kanske senare att det dyker upp. Då kan jag få en ledtråd, som jag snabbt skriver upp på en av alla mina lappar.

I morgon blir jag klar med alla böcker, d.v.s mina böcker. Sorterar och funderar på om vad som ska slängas. Släng-andet ger luft och trots bok så jobbar jag fram. (Så fort en skröplig tant nu kan tänkas jobba = lite)

Gav mig på lite räfsning innan mörkret. Det borde jag inte ha gjort. Efter en halvtimme var jag fullständigt ut-tröttad! Så lite borde jag ju klara! Min högerarm gillade det emellertid inte så bra. Trots handledsskydd med skena, så tog jag slut. Stapplande tog jag mig in i huset och avslutade aktiviteterna.

Hur trött min kropp nu än var – så vill jag ändå premiera mig själv. Alltså – Stor Guldstjärna till mig!!

Hur var det då med min hjärna och dess tillhörande plack? – Hyfsat kan jag väl säga; men inte direkt bra. Bitvis för jävligt. Och idag kom det snö! Det tycker jag om, när jag tycker det. Men säg, vad gjorde jag i måndags!?


## 2022-11-21 – Städdag – och Belleträning

Sitter uppe medan städfirman är nere. Hjärnan är trött även om att jag har sovit tio timmar, och endast bytt några ord med de som städar. Vad kan jag då bli trött av då..? Spelar lite Candy crush – och ja – nu skriver jag ju.

Fick två paket utanför dörren idag! Det var danska blomster som är torkade på något sätt, som gör att all doft är tydlig, och håller sig i sex månader! En fin vas kom i den andra lådan. Det var BulleMi som hade skickat till mig som tack för att jag har följt henne till Uppsala flera gånger när hon tentat. Och jepp!! Denna gång satte hon den. Efter det vill hon hoppa på nästa steg, vilket jag aldrig kan hålla koll på. Också Simons utbildning och arbete är svårt – d.v.s han är ju civilingenjör (men vad gör han egentligen…?!) Alfreds jobb är lättare att greppa. Det ligger närmare det som jag har jobbat med, d.v.s. människor. Jag är stolt som en nyfriserad tupp över alla tre!

Har börjat få problem med bokstäver och tal. Sitter länge och tittar på dem för att förstå. Orden som var mina!!

Jag fortsätter med att städa undan. Har tänkt ta mig an ett par lådor med gamla kläder. Det ger luft och plats i huset – och i sinnet. Det skrämmer mig bitvis hur snabbt jag förvärras, å andra sidan hittar jag också stunder av klarhet då och då. Jag kommer inte att acceptera det som sker med mig – men jag kan heller inte slåss emot det. Ännu är livet värt att leva, och dessutom har jag mer jag måste klara.

Nu är jag hungrig. Det är jag mest hela tiden. Jag tröstar mig med allt jag kan – och det är tungt för mina skruttiga leder. Det är inte lätt att ha ett slukhål i sig!

## 2022-11-25 – Tandvärk och slänger ut

Fick förfärligt ont i mina tänder/käke helt plötsligt. Har ju varit hos tandläkare nyligen, och då var det bara gamla skador, d.v.s. jag lagade om en tand. Var denna smärta uppstod förstår jag inte alls. Hoppas jag kan få en tandläkartid på måndag.

I tisdags hade jag boendestöd. Vi pratade och bakade en kaka. Det blir nog bra det här med boendestöd. Nästa tisdag ska vi åka in till Växjö och köpa maken(s) julklappar. Sedan får jag ta hjälp av maken när vi ska köpa julklappar till barnen.

I onsdags kväll telefonpromenerade jag med min demenskompis, och i torsdags körde jag till vännen där vi tog en timmes promenad – och inte att förglömma – fikade och pratade! Jag fortsätter att sortera bort kläder, papper m.m. Det ger mening för mig att städa mig ut. Jag ser en del tv också, det måste bli så eftersom min kropp behöver vila mellan varven.

Jag sover helt utslagen varje natt/fm. Det går bara inte att vakna!

## 2022-11-26 – Skriva lappar – men så svårt det är!

I går satte dottern in lite pengar som hon hade lånat tidigare. Det har vi koll på – och nu är hon ju på nya jobbet. :) I alla fall så skulle jag dra bort pengar på den lapp jag hade skulden på, men se…, det klarade jag inte. Jag tittade och tittade, skrev och suddade, men hur jag än gjorde så kunde jag inte ställa upp det så som jag brukar. Efter många försök med stresspåslag och uppgivenhet gav jag upp. Det fick bli som det blev, när det inte blev som det skulle. Nafs, nafselinafs – där hade jag bevisligen tappat ett antal celler, som jag ju hade velat ha kvar…

Celldöd är inte att eftertrakta!

Jag tycks betrakta mig själv när jag är dement. Jaha, säger Du det Rie? Se nu plockar jag i lådor och sorterar och slänger. Känslorna tycks ha stängts in någonstans. Helt ok för min del, för nu har jag inte ångest.

Borde jag gråta? Tjae, det har aldrig legat för mig, men just nu tycker jag inte att jag har så mycket att klaga över, joooee.., förutom demensen då! (Och tandvärken..!)

Nu ska jag fortsätta slänga papper, Det känns rätt och bra, att jag har fått denna tid för att städa upp (ut?) mig.

## 2022-11-27 – Adventsstakar, mat och systerpromenad

På söndagseftermiddagen kom syster för prat och lån av dusch. Vi tog en lång promenad. Förmodligen gjorde jag något mer – får jag hoppas (!?)

## 2022-11-28 – Tandläkare igen.

Har tandvärk som stör. Ibland lite bättre, men sedan jobbigt ont. Varken jag eller tandläkaren kunde helt sätta fingret på varför det gör ont. Spänner jag min vänstra käke hela natten, eller behöver jag en ~~ficknerv~~, en ~~rotnerv~~, hittar inte ordet. Det som man tar till om någon har, eller äsch så krångliga ord… Det kan bli dyrt tänker jag – o c h smärtsamt! Jag är en mes på att borra tänderna. Jag tar alltid bedövning!

## 2022-11-29 – Juliga klappar med boendestöd

Lyckades komma upp som planerat, men trots det blir det en del förvirring. Radade upp mina saker på soffbordet (bästa sätt att inte stressa)
Vaknade på morgonen av att Försäkringskassan ville prata med mig. Jag minns att jag förvirrat letade genom min stackars hjärna, för att se vad jag hade missat. Kvinnan som måste ha haft en ängels tålamod föreslag att hon kunde återkomma nästa dag. Puuh..! Där kom jag undan. Jag gav bifall till en annan samtalstid, något som den överseende kvinnan accepterade, nog mest på grund av min oförmåga till samtal klockan nio på morgonen. Att stiga upp är en långväga kamp mot sömnen.

Jag misstänker att FK vill ha ett nytt läkarintyg, något som jag förmedlat till Geropsyk. Gero är om jag minns en benämning på gubbe. Själv blir jag irriterad på att det inte finns något annat användbart, när det gäller kvinnor. Tjae, jag är ju inte överdrivet sur över det, för i så fall hade jag varit sur mest hela tiden.... men i alla fall....

I alla fall så kom jag upp i tid, och förberedde mig på turen till staden. För trött i huvudet. Får skriva detta klart i morgon..... Och i morgon då ska jag prata med handläggaren på FK. Klockan två på eftermiddagen är en så mycket bättre tid!

Kan i efterhand meddela att det gick bra i staden! Klappar till maken är nu klart! Trevlig tur i turen, då jag också först fick en rabattcheck, och sedan ännu en. Nice! Skönt att få det bestyret avklarat. De andra julklapparna är Krister med och handlar.

Det kan nog bli bra – det där boendestödet! :)

Jag mår hyfsat, fast avskyr att jag inte hittar ord eller nu också fått svårare att förstå. Jag klarade inte att förstå allt vad handläggaren sa, om den ersättning jag kommer att få som pension på heltid. Gissar dock att jag får hem ett papper sedan där det hela står. Där Krister också kan se.

## 2022-11-30 – En helt vanlig demensdag

Klarade i alla fall att tvätta en tvätt och ta hand om den, läste tidningen, matade katter flera gånger, letade också efter katterna och funderade på om de var inne – eller kanske ute? Jag torkade i kylskåpet, bar ut plasten, bäddade av sängkläderna, pratade med försäkringskassan, kollade postlådan, sopade det eviga köksgolvet, letade efter några papper (suck...), och diskade. Jag gjorde säkert något mer, men det är i så fall inte något som jag minns.

Kan däremot meddela att olika dagar för post, inte gynnar dem av oss, som redan är förvirrade! Det blir inte något större stjärna för postväsendet! (Fast ja..., jag vet.., det är ju inte så många fysiska brev numera...)

FK meddelade att jag som pensionär får jobba 5 timmar i veckan. Heja! Det skulle vara så roligt om jag kunde tjäna lite, bara för att vara med på något sätt.

## 2022-01-02 – Klockproblem och bassängbad

Vad gjorde jag igår…? Torsdag? Hmm… Jo – jag var ju i staden för att besöka Geropsyk hos psykologen. Det gick bra. Kände att jag nu är i en ganska bra fas, (trots att jag vill bestämt bestrida min pågående celldöd). Som vanligt är psykologen vänlig, skärpt och frågande. Pratar om döden och livet. Tackar för en timmes respit där jag kan säga det jag vill, utan att andra i min omgivning ska behöva ta ställning till mitt svammel. Det var ju det jag gjorde i går. Jag klarade därefter att köra in till en affär, där jag kör förbi och inte ska parkera, köra omväg eller annat. Högst sju saker bestämde jag, så att det inte blir för mycket för mig i kassan. Stolt som en tupp i alla fall – ute och kör minsann, o c h handlar själv!!

## 2022-12-03 – Vattengympa med uträkningsproblem

Idag var det vattengympan. Det blev så svårt. Jag vet att jag ska köra hemifrån vid 09:45 (vattengympan startar vid 10.15), men om jag då själv behöver 1,5, timme för att hinna det jag ska, vilken tid ska jag då sätta min klocka på?!? Det har varit svårt en längre tid, men just igår gick det inte alls. Tills sist trodde jag att jag hade räknat ut det, visst borde det väl bli 08:15. Eller…? Jo då, jag räknade och räknade. Det var fullkomligt övermäktigt för mig att dra bort… ja, det är så illa att jag inte ens kan förklara det. Jag släckte lyset, jag måste ju ha klarat det, men nej. Tände lampan. Släckte igen. Hur skulle jag kunna lite på mig? Tände igen. Och släckte. Vred mig fram och tillbaka, blev det rätt nu?

Det har varit svårt länge, men nu ska jag göra en stor lapp som jag behåller där denna uträkning framgår! Men – hur sorligt är det inte att inte kunna dra bort 1,5 timme?!?

Bortsett från tidzoner så var bassängbadet bra. Än så länge kan jag kopiera vilka rörelser som ledaren visar. Trevlig, blött och säkert nyttigt.


## 2022-12-05 – Plock och julestök

Planerar julklappar, är på tacokväll med vännerna, och ja... vad gjorde jag egentligen? Fast jag jobbade flitigt på med min tavla!

Tacokvällen var myspysig på alla sätt, förutom att jag inte hänger med. Jag stänger av bitvis då jag antingen tappar bort innehållet i konversationen, eller för att jag själv måste vila huvudet. Jag hatar att jag knappast är skärpt längre!! Jag sitter ju där och inte förstår. Eller orkar. Jag kan bara vara i de små samtalen, dem som jag gärna också kan läsa av.

Hur kul är det, när man mitt i en mening får en miniblackout?? Mitt i meningen blir det svart. Det är lättare när det bara är jag eller några nära vänner, med det känns alltid pinsamt när man ser ett antal ögon tittande på en bland andra. Måste dock tillkunna, ~~kunge~~ tillge..? Äsch, snart har jag tappat hela alfabetet!

## 2022-12-06 – Blev rik för en stund – men är hos tandläkaren igen...

Hade också boendestöd, och efter att jag hade snurrat till det, så bakade vi den kaka som jag hade planerat, d.v.s. den jag helt hade glömt.... Tur att jag hade hjälp att reda ut det! Jag hade typ blandat ihop ~~gredisirenser~~, ~~gredirenser~~, vad heter det nu? Tänka, tänka, tänka gredirenser? Äsch, jag menar de livsmedel som jag använde.

Min ekonomi är inte helt usel, men jag är ju sjukskriven sedan minnes tider. Så det gjorde inte ont alls att jag fick 19 320:- på min försäkring efter mitt fall i trappan. Skadade min axel för nästan två år och nu är det regelrat. (Jag har tidigare också fått de kostnader som skadan medförde under tiden).

*Kan nu berätta att min diamondpearls-tavla blev klar efter 4 år och 4 månader! Det firar jag med alla blir alla sorters storlekar Silver- och Guldstjärnor!!* Det har krävt riktigt många poddar att lyssna på. För den som inte vet vad det är, så är det en massa små, små pyttiga pärlor som man sätter på en klistrig duk. Det har underhållit mig länge – och det har krävt riktigt många poddar att lyssna på.

## 2022-12-07 – Städ på fel dag – och på fel tid

Tycker inte om när de inte kommer i något sånär tid. Även att jag är hemma, så vill jag kunna planera min dag. Jag borde kunna fixa det utan stress, men jag vill ha ett rimligt spann då jag v e t att de kommer. Kan nog få det bättre specificerat, så jag får ta kontakt med firman.

Sitter på övervåningen och skriver. Kallt här uppe. Krister eldade i kakelugnen upp igår kväll, men nu börjar ~~temara-turen~~, temparaturen, (äsch ni förstår), sjunka.

Det börjar vara svårare och svårare, att skriva och sätta ihop ord.

Ska ut och gå en promenad med Mariann, men nu hoppas jag att de kommer innan jag ska ut på promenad vid 17:00!

Såg att syster var på fb – behöver nog ett systerprat med henne!

Kan notera att mina fb-vänner kommenterar mycket mer än tidigare, när jag lägger ut något. Det värmer. (> Alltså… jag kan inte längre göra ett hjärta längre, alltså i dokument. Provar igen..<3 -äsch…..

## 2022-12-08 – Snart benröta – och ~~antiabottika~~, ~~antiobetika~~, skärp dig antibiotika!!

Blev det rätt nu…?

## 2022-12-09 – Ja vad gjorde jag egentligen?

Nu kom jag på det. Det var ju fredag och då var jag på vattengympa. Tittade lite också inne på Kostas outlet. Ordnade present till dotterns svärföräldrar.

## 2022-12-10 – Middag – och stänger av

En riktigt trevlig kväll, fast jag känner att jag bitvis loggar ur. Jag kan inte klara 5,5 timmars prat, utan vila. Så det gör jag. Jag nickar och försöker hänga med. Hatar min sjukdom, Hatar att betrakta mina ~~tillkommanden, kortkommande,~~ hmm, tänka, tänka, tänka. Tillkortakommanden!!!


## 2022-12-11 – Podd och svårt att skriva julkort

Hur svårt kan det vara?! Jag har redan rivit flera fina kort eftersom jag kladdar och skriver och ritar som om, jag är fem år gammal. Up your (my)face. Det är lite mycket sådant som jag bara får hantera. Orden har blivit svårare, både i skrift och tal) och jag ~~allteftersom~~, stavas det inte så..?! Visst ska det vara så? Jag byggt om på bokstäverna länge nu, men Word säger att det inte är rätt. Det får vara, jag får hjälpa mig så gott kan, och det jag inte kan – kan jag ju inte.

Jag är ganska slö och ~~intisiveröras, intiativslös~~, asch gick en lång promenad, l y c k a d e s ändå att skriva ett kort klart till sist! Som en stor jättebebis behöver jag stöd, hjälp och allt vad det är. Tidigare när det bara var min värk, så var det ändå lättare att acceptera värk-villkoren. För vad ska jag göra med en kropp, som går runt och letar, söker, går fel, letar, letar, letar, snart kissar ner mig, tappar orden, är förvirrad, inlåst på ett gruppboende. Det är för djävla djävligt! Fast visst, så ska många personer tydligen igenom den elaka celldödssjuka som är Alzheimers.

## 2022-12-13 – Huvudfotingar – och fler julekort

Jo nog är de på väg att bli huvudfotingar allt! Jag ritar tomtar som saknar både, armar, tofsar i luvorna, inga fötter och inga öron. Har jag blivit tre år igen? Ser det i efterhand och korrigerar så bra jag kan. Jag har inte skickat julkort på många år, men vi tyckte att det var en bra idé detta år... Hade många fina julkort som var dubbla, vilket blev för mycket. Istället köpte jag enkla kort som jag pyntade på. Det är svårt nog att skriva/rita/pynta, då jag skriver på fel ställen. Skriver ex adresserna där julhälsningarna ska vara. Det blev några som fick slängas, och andra lyckades jag hjälpa upp.

Jag känner att jag har tappat en hel del bara sista veckan. Kanske det är på grund av trötthet, julestress och värkande käke/tand. Hoppas det. Minnen blandas i en salig röra, och det jag gjorde igår, kan istället ha hänt för en vecka sedan. Jag blandar till och med minnen som inte alls finns! Det är mycket förvirrande att ha Alzheimer! Jag behöver ett år eller så innan jag går helt in i förvirringen.


## 2022-12-14 – Julbord – och tandläkare (igen)

En liten samling av personer som har boendestöd. Mina två boendestödare var sjuka bägge två, men jag traskade dit ändå. Personalen var bra och hade bra bemötande. Det kliade lite i mina fingrar för att få pynta på, så som jag gör hemma, men det sägs ju att man ska ta seden dit man kommer.

På vägen hem gick jag och postade julkort, och sedan

ringde jag min demenskompis. Vi pratade på som vanligt, men denna gång hade jag blivit ganska trött, så den dagen, var det jag som avslutade samtalet.

## 2022-12-17 – Skåneland – och flyttning igen

Heldag med flytt då äldsta sonen flyttar in i flickvännen nya lya. Skriver lite konstigt. Det var väl det som hände den dagen. Jag har svårt att greppa det hela, men något lite bidrog tror jag…
Jag passade på att träna på hotellet. Tyckte jag var duktig då.

## 2022-12-18 – Glögghäng – och dåligt hotell

Krister brukar ju vara uppe först, så han gick ner och kollade frukosten. Vilken frukost?? Det fanns ingen personal – och inte någon mat. Alltså, i Sverige brukar hotellen ha frukost! Om jag hade varit som jag var innan, så hade jag läst på ordentligt, men nu är jag inte så skarp. Det fick bli frukost på en mack, som i och för sig var helt ok. Kaffe, müsli, Yougurt med honung, och surdegsmackor.
Fick en stund över innan vi skulle köra vidare till Helsingborg. De timmarna spenderade vi på ett…, sådant där ställe med en massa affärer. Vad heter det nu? Vi hann fick också tillfälle att köpa det lakan som Alfred hade önskat sig. Så det var ju bra.

Klockan 14:00 bjöds vi på juleglögg, med både kakor, sötsaker, små mumsiga matiga bitar, kaffe, matpaj, och mycket, mycket mer. Den lilla blomman jag hade arrangerat med pynt, hade ramlat runt lite grann, så den behövde fixas. Det var trevligt att få träffa den familjen, och också se deras fantastiska hem.

## 2022-12-20 – Boendestöd – och julefix

Puh ja – det är ledsamt att se (mig själv) och vad jag har tappat på året som gått. Energin är borta, ryggvärken vill däremot med i leken, med stora L! Det blir så när jag pysslar, slår in paket, bakar, ja typ allt som gör att jag statiskt sitter med pyssel, presentinslagning, salladshackning m.m.
Vi bakar lite kakor som blir mitt enda bidrag till julmaten.

## 2022-12-21 – Ingen psykolog i staden – fast i luren

Pratar en stund i telefonen henne. Bra och ha henne att luta mig mot, när jag inte själv kan orka att »luta upp mig«. Annars tycker jag att jag klarar det ganska bra med »lutandet«, men just här i juletider har det blivet så påtagligt att jag har tappat bort många förmågor. Jag har tappat både initiativ, energi, och många av de förmågor som jag klarade förra året. Ryggen gör inte på något sätt det hela bättre!

Jag hade visst också lovat att sätta på en tvätt, med bl.a. hans väst, men det blev inte heller av...

Memantinet ökas till 15 mg

## 2022-12-23 – Barnen hemma – och det gjordes godis

De sista paketen slogs in, och den sista polityren las i stugan. Hade klart en del stress, såsom det gärna blir.

## 2022-12-24 – Julen som kom av sig – och slitningar i stugan

Det blev ett annat firande, då vi hamnade i diskussioner om hur saker och ting, kan bli bättre. För att inte utpeka någon/ några, så låter vi informationen om detta vara sparsam.

De flesta åkte ändock till mammas stora hus, där vi hade det trevligt med våra familjer, sekundära familjer och vänner. Sent blev det som vanligt, och som vanligt behöver egen tid för att strukturera tankarna innan jag kan somna.

På Juldagen stannade vi hemma i vårt hus. Nästan alla följde med på en vitpudrad promenad. Fint!

Framåt kvällningen så kom det gamla (från 1935), pusslet fram. Pusslet har varken bild att se på, och därtill så saknar det också sådana pusselbitar som »krokar« Med god hjälp av varandra lyckades vi lägga det!

Det blev en jul som vi kommer att minnas, men jag tänker att vi kommer stärkta ur det.

## 2022-12-27 – Förvirrad tant – och vardag igen

Jag missar många av de ordskeenden som sker omkring mig. Vissa saker glömmer jag helt, medan andra kan väckas till liv efter att jag blivit påmind, Det är så mycket som bara försvinner, men vad gör jag då? Går jag runt utan att veta vad jag gör? Står jag stilla och väntar på nästa synaps? Eller studsar orden så snabbt förbi, att jag inte kan fånga dem? Ibland kan jag få tillbaka dem, och då skapa ett mer långsiktigt minne. Alltså om jag inte har otur och utsätts för den stora klistriga celldöden.

Nu är jag hungrig igen! På något sätt måste jag minska in på födointaget!

Min psykiska status; Ledsen, förvirrad, värkbruten, uttröttad, sovande, och sörjande. Samtidigt som jag sakligt seende ser på mig själv.

Funderar på att fråga om maken orkar köra mig till staden. Jag skulle må gott av lite stadsluft samtidigt som jag har ett par ärenden. Kanske jag kan bjuda honom på lunch som tack.

## 2022-12-29 – Stadsbesök – och födelsedag

Sagt och gjort. Maken (som var ledig), körde mig till staden, vilket fick mig att känna mig som en alldeles vanlig tant. Visst rörde jag runt bland betalkort och pengar, men i det stora hela så kände jag mig ganska vanlig. Det är annars inte något som jag har eftertraktat i övrigt, men åh, nu vill jag gärna vara en genuin, tvättäkta tant. Det är grejer det!

Yngsta sonen fyllde 24 (!) år. Men, men föddes han inte precis!? För första gången firade vi inte hans födelsedag. Paket kommer att komma, när vi hämtat oss från jul, familjeproblem, och det helt nya året som ju också vill ha lite uppmärksamhet.

Skriver av mina tankar, vilket är tryggt. På så vis ligger dem där orden, på en säkrad plats. Både med hänsyn till tidens tand, men också så att jag vet vad jag har skrivit. Här kan jag sedan läsa om mig själv, och vad jag har gjort det senaste året. På så vis kan den pågående celldöden inte äta upp mina ord och bokstäver! Slugt värre! Slugt? Visst heter det så?

I morgon ska vi till vännerna och fira det nya året. Det kan bli riktigt trevligt!

## 2022-12-31 – Nyårsafton – och goda vänner

Tack för våra vänner som bjöd in oss, annars hade vi blivit sittande själva på Nyårsafton. Det blev trevligt på alla sätt. Jag var inte särskilt dement i sammanhänget, förutom då vi spelade ett spel, men alla visste att jag var begränsad så det var som det var. ( Eller egentligen var jag mycket nära att inte följa med, hade svårt med både smink och kläder. Sådant har blivit så mycket svårare. Särskilt eyelinern!)

Dagen efter var vi avslagna (trots alkoholfritt), men jag blir seg ändå som en överbliven kola. Vi hade egentligen planerat att köpa pizza, men vi hade mat med av lasagnen som vi hade med.

Också denna dag hatade jag Altzheimern.


## 2023-01-02 – Veterinär – och svärmor

Denna dag fick vi vår tid för vår Fiskatt, (eller rättare Lilltass) tänder, den skulle egentligen ha varit tidigare, men då hade de problem med röntgenapparaten. Det hela gick bra och nu är bägge katterna ok. Vi besökte svärmor och gick en promenad med henne i rullstolen. Makens syster kom också dit så vi tror att hon njöt av att ha oss omkring sig. (Hon talar inte längre eller gör andra tecken).

Efter besöket gick vi lite i affärer tills de ringde från veterinären att hon kunde hämtas igen. Hela kvällen var hon lite groggy efter narkosen, och vi fick se till att inte snubbla på henne. Särskilt som att hon absolut skulle sitta just i dörröppningen mellan köket och vardagsrummet..

## 2023-01-04 – Demenskompis- och jag kan inte klockan!

Det är ett nygammalt fenomen, men det blir värre och värre, och nu är det värst! Jag funderade löjligt länge på vilken tid jag skulle stiga upp, för att sedan ha en och halv timma innan jag sedan själv skulle köra. Det var omöjligt. Ja – löjligt svårt! Hos psykologen beklagade jag över detta fenomen. Nog har jag haft koll på att klockor är svåra för demenssjuka, men att det kan bli så svårt! Jo – jag vet mer än jag vill angående demenser. Ett skit är det allt. Var i alla fall duktig och gick in i en mataffär, en som ligger bra till med hänsyn till att inte komma in i staden att köra. Det gick bra. I kassan klarade jag mig också bra, och jag ställde mig inte i kön till kassan förrän att jag hade tagit upp pengar, och vad det nu kan vara. Jag har också kommit fram till att jag kan köpa ca sju varor, innan det ger stresspåslag. Men visst är det ändå bra! För den färdigheten ger jag mig själv en stor silverstjärna!

Senare orkade jag ringa min demenskompis, på så sätt fick jag också en ca 45 minuters promenad. Bra där Rie!

Jo – just det! Den kloka psykologen kom på att jag kunde be mina boendestödare om att vi tillsammans går igenom mina bokningar för de närmaste veckor, och skriver då i min almanacka när jag måste vakna, och ha en- och en halvtimme till mig. (Hmm… det blev svårt. Jag skriver istället 1,5 timme.) Sedan ska det också framgå när jag ska köra iväg, för att göra vad det nu än är. Smart! Det nappade jag på. Det är många saker som jag inte nappar på, men på andra tackar jag tacksamt på. Var den svenskan ok?

Nu gör min rygg sig påmind aningen för mycket. Dags att säga gute nacht.

Jag kör på tredje växeln hela vägen in till stan, fast i mitt sinne.

## 2023-01-06 – Son och son – och väninna.

Körde till vännen som jag också vågar köra bil till. Fast det var ett mycket snöande! Det var besvärligt både dit och hem. Jag passade på att halka kull på en isfläck när vi var på promenad. Aj! Som tur var så skadade jag knät på ett bra sätt, d.v.s. att jag bara är öm i knät, och både svart och blå på skinnbenet. Hmm... kan man säga skinnben, eller är det mer danskt? Äsch då, jag får vara för glad för alla sorters minnen.

Pratade med Simon när jag körde dit, och sedan körde jag hem pratande med Alfred. Däremellan pratade jag och vännen Dorthea. På bägge turerna körde jag i högst 60 km/tim. Ger mig en eloge för att jag inte skadade ännu ett korsband. Sådant ska man uppskatta. Alltså – en rejäl Stor glittrande Guldstjärna för att jag körde bra, och är helskodd. Helskodd! Visst kan man väl säga så...?

Det är mer rörigt med orden. Vissa ord kommer bort medan andra bara gömmer sig, men tyvärr tycks vissa ord helt ha lämnat mig. Det värsta är när jag pratar med folk. Jag b o k s t a v l i g t avskyr att inte kunna formulera mig. Kom tillbaka till mig ord!!

## 2023-01-08 – Distanstränar med dottern – och pillepillar med pyttiga pärlor

Träningen med dottern gav energi. Magiskt! Jag är typ aldrig pigg annars. Men träning ger mig energi! Fast det gäller inte när jag är på vattengympan. Det varma vattnet och ångan i omklädesrummet, (visst kan man säga så..?), gör att jag blir helt spak. Men »vanlig« träning ger energi. E n e r g i! Det är ett sällsynt ord som nästan aldrig passar in på mig. Jag är tröttare än trött, men ett träningspass ger plötsligt också ork till att färga håret! Sug på den karamellen så länge den är där.

Pysslar med pärlor som ska sorteras. Små, små pytteliga pärlor. Har lovat väninnan att göra hennes tavla också. Har jag förresten berättat att min egen tavla blev klar, men då blev jag puff – inte intresserad längre. Timmar och timmar och så mycket tid. Och då, när den är klar och inramad, så blev jag helt ointresserad. Det var alltså inte målet som jag ville åt, utan själva vägen! Bra då att jag kan hjälpa väninnan med hennes. Jag vill ju lyssna på poddar och ha nåt att pilla med.

Däremot gillar inte min rygg läget. Den har lagt sig i en hög smärttröskel. Det var varit så i en dryg veckas tid. Vad mig anbelangar, så tycker jag att smärtorna kunde falna..

## 2023-01-10 – Ryggont – och inget boendestöd

Och plötsligt anmälde jag mig till att bli Ambassadör på xxxxxxx, och i morgon ska vi ha ett telefonsamtal. Det är både hemskt och bra. Det ger mening på något sätt om jag kan bidra med något. Lite är mer än inget alls. Både för mig, men det är också det jag hade velat veta, om tiden med tidig Alzheimer. Nu när han (Alzheimern), har ~~knackat,~~ bultat på dörren så vill jag veta vad han kan lära mig om denna helt onödiga sjukdom, (som jag så klart ändå glömmer…)

Gick i alla fall en promenad med Krister, vilket visade sig mindre skrämmande än vad jag förespådde. Lite luft och ett knippe steg, gör ju gött i kroppen.

Och sent ikväll kom det en chatt från Alfred. Han är färdig med praktiken och kan därmed hoppa vidare till nästa steg. Yes!!

## 2023-01-12- Ryggont – och Alzheimerfonden

Blandar förvirring och skärpa. Ena stunden klar, och nästa stund oreda. Förmodligen blir jag värre i huvudet, nu då ryggvärken tar sig plats. Men då! Detta skov bör snart släppa, tack! Energin är låg, men jag ska snart ut på promenad med min demenskompis. Jag här och Annica där. Tittade lääänge på TV i gårkväll – och då – då vaknade jag utan att sova mer än ca åtta timmar. Märkligt. Jag brukar inte kunna väcka

154

mig tidigare än efter 9-10 timmar, minst! Gärna elva – det är grejer det!

Igår pratade jag med projektledaren på Hjärnfonden. [I efterhand verkar det ha varit en förbundsordförande på Alzheimerfonden.] Jag fick för mig att jag skulle kunna vara ambassadör hos dem. Vi pratade en lång stund, men så klart, det kräver ju att jag kvalar in. ;) Jag inser att det skulle kräva energi som jag knappast har, men å andra sidan så behöver jag också stimulans och omväxling. Att engagera mig skulle ge mening mitt i sjukdomen, och inte minst så skulle jag kunna berätta om sjukdomen. Blev visserligen mycket trött efter samtalet, men efter vila och återhämtning så klarade jag också ett träningspass, (i vårt kommande hemgym).

Nu ska jag gå ner och leta lite mer efter min mobil. Eller kanske syster Hanne ringer mig snart igen...?

## 2023-01-13 – Vattengympa – och syster

Vattengympan startade vid 10:15, sedan letade vi runt runt för att hitta skor till syster. Det gick vi bet på. Vi fikade och letade vidare. Till slut fick vi ge upp. Kan tillägga att jag kom sent till vattengympan, vilket gjorde syster orolig, hon som brukar vara senast. Det var mycket svårt att komma iväg eftersom jag hela tiden funderade på om jag nu verkligen hade låst, packat väskan, och så vidare... Det är så opraktiskt att inte ha något kortminne!

## 2023-01-15 – Gym – Ryggvärk

Helgen har gått med att vi har planerat hur vårt gym ska bli. Det i sin tid, gör att vi också måste flytta plats på min dataplats. Det är mycket som händer i hemmet, och mitt huvud försöker hänga med i svängarna, men min hjärna blir väldigt, väldigt, kvickt trött.

Jag är väldigt begränsad och får allt för snabbt allt för ont. Efter allt Krister har burit på i helgen, så blev jag till slut orolig, att han också skulle få ont och bli utmattad. Den enda trösten var att Krister, i alla fall fått lite hjälp då han skulle flytta pianot. Det räcker med en tant som har ont mest hela tiden.

Kan tillägga att jag för en stund sedan försökte backa, (med tangenterna!), en mening som Krister sa innan han gick ned. Det hade annars varit en perfekt möjlighet för demenssjuka!! Åh – jag vill ha en sådan »pratare« som kan spela upp vad som har sagts!!

## 2023-01-16 – Städfirma och någon form av rörelse

Punkt nr. 1 är snart avklarad. Jag har gjort min del av städningen, och nu jobbar städfirman med resten. Bra så tycker jag. Det är helt klart värt att ha dem.

Kanske jag ska kolla med Camilla om hon vill gå en promenad i kväll (hon ringde om det förut, men då väntade jag på städet.) Eller ska jag träna med dottern, det blev ju inte av igår. Hmm. Har letat efter en burk tuggummi länge och väl, som jag visst hade i fickan. Sedan försvann den igen. Tur att jag inte förväntas kunna förvärvsarbeta, med tanke på hur mycket tid jag letar efter saker. Borde köpa mig mer minne, men det kan man visst bara göra till apparater. Dumt. En celldonation skulle annars vara något!

Kommer på att jag inte har berömt mig själv på senaste tid. Av den anledningen ger jag mig en stor fin glittrande silverstjärna! ★

Nu hör jag också att lilla Fiskatten vågar sig fram. Städfirman har åkt, så då kommer katterna fram igen. Inget är så läskigt som en dammsugare!

## 2023-01-17 – Boendestöd och ny gymnastik

Jag villade en hel del angående mitt boendestöd. Jag ville prova gå på en ny, (för mig), gymnastik i Sporthallen. Fick också sällskap av Camilla som också hängde med. Det var en bra blandning av rörelser som faktiskt funkade bra för mig. Det var också bra att vi bara gjorde en omgång av övelser på mattan. Det passade bra eftersom mina handleder absolut inte klarar att ta mig upp och ner flera gånger i sträck, p.g.a. den artros som fördar, hm, tänka, tänka, … jo, nu kom det, fröjdas är vad ordet heter. (kan man egentligen säga så..?)

På boendestödet köpte jag en ram med svävram. Har varit på jakt efter sådana. Mina har tagit slut. 30:- var ett bra pris för den. Köpte också en fin vit kruka som jag fick för 5:- Sedan hade jag velat gå in i blomaffären men det visade sig att de inte hade öppet på måndagar och tisdagar.

Sedan var vi på Apoteket, och angående det, så är det ganska rörigt med mina tabletter. Själv har jag rört om bland tabletterna. Det tar energi som jag inte alls har.

## 2023-01-19 – Promenad, kaka – och tablettförvirring

Jepp så är det. Det verkar som om någon har lagt tabletter lite som det passar, i vederbörandes dosetter. Puuh. Tyvärr så måste den vederbörande vara jag själv. Det är helt åt fanders. Vem ska man kunna lite på, när man nu inte längre kan lite på sig själv?! Sur är vad jag är. Jag vill protestera mot celldöden och kletiga plack som klumpar ihop sig. Hör ni ni – tau och beta-amyloid – skärp er!!

Nå – efter en timmes promenad och cocktailkaka med glass, kom vi in på mina mediciner. Inte minst jag står förundrat och ser på mina dosetter. Vad har jag gjort? Har jag inte tagit mina mediciner? Eller har jag tagit för många? Sicken röra. Det blir gärna rörigt när jag har »egna« mediciner, de från apodos, och dem från apoteket. Mina tabletter har också blivit en cocktailkaka av mediciner. Men efter att jag och vännen som hjälpte mig, så tror vi nog att jag har tagit något så närt de tabletter som jag skulle ha. Jagtvingade vännen att ta med sig glassen hem, för jag kan absolut inte handskas med sådana varor.. ;)

## 2022-01-20 – Ingen vattengympa och seg start

Börjar med att Krister fick syra i ögat på jobbet igår. Han spolade ögat och åkte till vårdcentralen. De, i sin tur, kollade och skickade honom till Kalmar sjukhus. Efter koll där så fick hansedan åka tillbaka till jobbet. Puh! Vi tar tacksamt emot att han inte blev synskadad eller annat. Vi har ju mest bara näsan över vattnet, och andra stunder får vi använda snorkel. (Ja, och den uppmärksamma har redan märkt att jag skriver om något som hände i går). Idag blev det ingen vattengympa. Synd. Men även en vattengympa instruktör kan behöva lite semester. Eller...? Jag har mycket svårt att acceptera min afasi. Jag famlar efter ord som springer ifrån mig. Känner mig dum, korkad och allmänt obegåvad. Jag vet att det är min sjukdom, men det hjälper mig inte. Jag som har samlat på orden, har nu svårt att formulera också de enklaste meningar. Som exempel så kom det i förgår en ung man som skulle inspektera vårt bygglov, och där står jag och famlar efter ord. Ännu är jag ju så väldigt medveten om de talfel som kommer ut ur mig.

Som vi sa på jobbet när det var som jobbigast för en demenssjuk,»det blir bättre när han/hon/hen, blir sämre.»(Eller...., då kanske jag mår värre än någonsin, u t an att kunna formulera det alls!?! Hjääääälp!! Stor jättestjärna av guld till mig som tröst. (Eller hellre en frisk hjärna.)

Nu går jag ger och tittar till katterna. De sover mest hela dagen nu under vintern. Jag sover också mycket men nu ska jag gå ner och kolla posten, och ta hand om en tvätt som är klar.

## 2022-01-21 – ~~Riklös~~, Rubriklös ska det vara – och pärmskapande

Ja, och nu glömde jag till och med varför jag är arg..!? Jag hatar det hela tiden. Det var så svårt att komma in i datorn idag. Det går egentligen inte så bra för mig alls, och helt klart så måste jag förr eller senare avsluta det hela. Det är inget liv jämfört med förut. Visst finns ändå stunder av ...., öhh, behaglighet – finns det ens ett sådant ord?

Det jag vill kunna just exat nu, är att öppna ett word-dokument. Jag har fixat en pärm där jag tänkte ha hela demensen i en och samma pärm. Telefonnummer, anteckningar från samtal, vilka jag har pratat med o.s.v. Men jag kan ju inte öppna något dokument. Blääääh!!

Har pratat med Apotekardottern, jag skickade mina skanningar och tester som Försäkringskassan skickade, nu inför att byta över till pension istället. Och ja – dement är jag ju, även att jag fortfarande har lite koll på något, ibland...

Just i denna stund så känns det mer dåligt att leva kvar, än att avsluta det. Vad skrev jag egentligen. Det är en riktigt dålig dag för mig idag. Kroppen, och då särskilt ryggen, har pinat mig i flera dagar. (alltså mer än vanligt). Nu skiter jag i det.

Ah – nu kom Krister förbi. Så nu kan jag skapa mitt dokument! Han är bra att ha den där Krister. :)

## 2023-01-25 – Boendestöd – och klockproblem.

Nu kom jag i vart fall till den gräns, att jag inte kan klockan längre! Bläääh! Mitt boendestöd har därför hjälpt mig med att skriva in alla kommande tider i min almanacka. Där ska tiden stå, som jag behöver för att göra mig klar, och sedan för restiden tiden. Det är nämligen helt omöjligt att förstå. Fast ibland. Men det är sällan. Jag kan i alla fall se vad klockan är. Jag får vara glad för det.

Får glädjas över att jag lyckades att skicka en låt till väninnan, det har jag inte klarat på länge. Min värld skrumpnar mer och mer blir och det är för svårt för mig att klara. Nu kom jag på andra tankar för en liten kattfis vill ha mat, så nu blir det en liten paus. S p a r a r innan jag går. Duktig tant!

Har skapat mig en pärm som heter Ries förbannnade demenspärm. Inte kul att behöva en sådan, men behövlig. Jag hade initialt svårt att skapa text och bilder, men plötsligt så fann jag en vaken hjärncell och nu är pärmen klar. Allt på demenspapper är (för stunden...), i samma plats. Skönt att veta att alla demenspapper finns på en och samma plats.

Var på gympan igår igen. Den är bra, fast just ryggen surar. Märker att det är svårare språkligt. Både i tal och i text. Jag märker också att det tar mer energi för att orka skriva, särskilt eftersom det är så mycket svårare. Stanna gärna upp och fundera på varför mina celler ska klämmas i klet, i stället för att glatt hoppa som i yra, som synapser!

Varje stund jag påminns om min sjukdom är av ondo. Tyvärr, för det gör jag ju mest hela tiden.

Sa jag förresten att jag provade att göra klocktestet. Tio minuter i tio, och tio minuter över tio. Hur lätt som helst ju! (Kunde det ha varit, om jag var frisk…) För mig gick det riktigt dåligt.

Ska gå ner strax. Det är väldigt uppe på kontoret ska Ni veta. Brr!! Jag går alltså ner där det är mer ok temperatur. Det växlar mellan att livet ännu är bra, med att det växlar till att det är för djävligt.


## 2023-01-29 – Makaronpudding – stelfrusna händer

Denna dag vaknade jag, av någon anledning, utan att ha särkilt ont i ryggen. Annars har jag nästan alltid ont efter frukosten. Att då jobba i köket är en riktigt dålig idé. Men – dagen var snäll emot mig, och det fick mig till att göra ett större lass makaronpudding a la Rie. Tycker mig också ha hört, att man ska laga mat när orken står sig bi. Maken blev lätt förundrad av min plötsliga energi. Jepp – stjärna av guld förtjänar jag. Tog också en promenad med min demenskompis på kvällen.

Sedan var det ju de frusna fingrarna. Jag har redan ett par handledsvärmare, med de stackars fingrarna!! Jag gjorde därför en lov bland våra ägodelar, och där minsann, hittade jag ett par billiga stickade fingervantar! Klappat och klart, klippte av topparna och biffen var klar!

I morgon ska tant till Kalmar med dottern, så då får jag se till att inte vara för trött. Alltså snart dags att leta upp sig ett gryt.

## 2023-01-30 – Vårdplanering – och talproblem

Var hos svärmor för en timmes vårdplanering. Själva mötet var bra, men jag hatade att jag hakade upp mig och sa fel osv. Undrar om jag någonsin kommer att accepterar det som sker med mig. Ibland säger Krister att jag ska »gilla« läget, fast det kan jag inte. Inte heller kan jag acceptera det. Hur jag än vänder och vrider på det, så kan jag inte komma fram till att sjukdomen, på något sätt, skulle ge mig något. Men för att inte vara otacksam, så finns det faktiskt en sak och det är att jag nu har *lärt mig* en del, om att ha en tidig demenssjukdom. Bortsett från det så kan jag inte riktigt komma på vad det skulle vara. Sjukdomsvinsterna finns även i denna sjukdom, annat vore märkligt. Fast jag hade många gånger hellre jobbat!

## 2023-02-01 – På tur med dottern i Kalmar – och blodtapp, (- ning).

Tidig avgång men det gick ändå. Blodproverna tog typ 3 minuter, men sedan gick vi istället på konditori. Morgontrötta, men njöt av surdegsfrallor med ost. Och så klart kaffe!! Efter det så började butikerna öppna, vilket gjorde att jag köpte en fin skjorta och ett par byxor på rea. Efter det åkte vi till ~~Kiae, Kaia~~ Ikea, puh det var ett svårt ord! Trevlig dag på alla sätt. Kom hem i tid så jag hann äta och vila innan gympan. Bra gympa som går igenom hela kroppen.

## 2023-02-02 – Smyger jag på mig? – Eller gör någon annan det?

Det är faktiskt frågan! På senare tid har jag ibland upplevt en skugga vid sidan av mig, när jag gått här hemma. Det är en tydlig känsla av att någon finns bredvid mig. När känslan kommer så är det verkligen som om att det är någon är där. Jag tittar och tittar, men det finns inget där. Plötsligt kommer skuggan på andra sidan. Det sägs ju att omväxling ger ööhh? Känslan är i alla fall stark och fast, när den dyker upp igen. Inte direkt skrämmande men förundrande. Dock inser jag att det sannolikt är hjärnspöken. Ville egentligen skriva mer men det är allt för svårt att hitta orden och bokstäverna.

Kan tillägga, att det nu är svårare att skilja på det jag drömmer och på det jag helt faktiskt upplever.

## 2023-02-04 – Vernissage – och kollegorna

Märkligt, jag tycker nämligen att jag redan *har* skrivit om detta..? Det är konstigt – för det ät väldigt påtagligt att jag redan har skrivit det.

I vart fall så kom vi iväg till Kalmar för att se fina vännens alster. Tänk om jag kunde göra sådant!

Efter sex timmar med mina två tidigare kollegor Johanna och Anneli är jag nöjd, men också fullständigt utmattad. Det är tvåbottnat då jag gärna vill träffa dem, samtidigt som jag hatar att outa faktumet att jag inte längre är den jag var. (Som om de inte redan visste…) Jag känner mig som en klumpig barlast som hänger sig runt halsen om kollegorna, helt utan att ha minsta vett att stänga av. Bort, bort, bort... Åk hem igen! Samtidigt är kollegorna fina, maten god, pratet, kaffet och semlorna, promenaden fin, och familjen som var där var både fina och trevliga. Så vad sitter jag och gnäller om?

Nämnde jag att jag en är mycket stolt ~~kerimaker~~, keramik-vännnina till föremålet för .... Det finns ingen möjlighet i hela världen – att jag kan klara att landa in denna mening utan ett gigantiskt magplask.!

Sov två timmar när jag hade kommit hem, vilket krävdes för att min skalle inte skulle implodera.

Efter vernissagen var vi hemma hos min bror, där både han och svägerskan bjöd på god mat, dryck och fruktsallad. Vår syster var också med – och därtill självaste keramikern. Slurp! :)

Nu är det dags för att göra ingenting alls! Funderade på att ta tag i Alzheimers lösning, men också denna kväll, var det en för stor munsbit att hantera.


## 2023-02-05 – Bildstöd – och golvläggning

I fredags (efter vernissagen), bad jag svägerskan (som är lo-goped), om att hjälpa mig med Bildstöd, vilket jag ju kom-mer att behöva. Det gäller att använda sig av det medan jag ännu har lite vakna celler, för annars kan det bli för svårt. Tack Maria!

Annars har det mest handlat om golvläggning. Eller, inte ens det. Min kropp kan näppe klara sådana sysslor, men jag plockade med tvätt, mat och fika till Krister och Dorthea. Vi ser fram emot att få det klart!

Återigen så känns det som att det jag skriver, redan har skrivits av mig. Läskigt.

Är hjärntrött och märker att jag måste spara på energin för att bli helt utmattad. Fick ex. tips om en sångkör jag kunde vara med i, men det var typiskt nog samma kväll som jag har gympa. Och gympa är bra. Det ger mig energi. Synd att det måst vara på samma dag.

## 2023-02-06 – Teater – och systerhäng

Undrar då och då hur länge jag ska skriva i denna bok – fast jag mår bra att skriva saker, för då kan jag ju minnas, i alla fall det…

Ha – Hittade just en gnutta energi, så nu har jag skrivit till Kyrkan för att se om jag kanske börja med Allsångskören! :) Stor bedrift, så för detta så ger jag mig faktiskt en stor, jättestor guldig stjärna!

## 2023-02- 08 – Geriatrisk mottagning – och räven bakom högra örat

Det är faktiskt så att när jag letar efter ett ord eller så, att jag tänker mig att jag letar över området vid högra örat. Varför? Eller har jag någon gång läst eller hört något om detta? Kan-

ske en ~~överlavande~~, ~~cörungerande~~, cell, äsch – ni förstår...
Eller är det snarare en cell (eller många)
Tau och beta-amyloidtrådar gör ju bara att jag snubblar.
Som om det inte räcker med det, så måste det av oklar orsak
finnas fibriller också, som visst också vill vara med och veva.
Puh!! (Du som läser detta stycke, 2023-02-10), jag skäms
mitt i min egen text över att jag dessa meningar har ~~opro=~~
~~peliattiv~~, ~~oproppologisk~~, fan, ordet jag vill ha, det ä r något
med oppro – och där föll jag, och inte ens på målsträckligt.
Ä r det ordet korrekt – alltså m å l s t r ä c k l i g t??? Inser
att jag inte fixar mer som kräver huvud – och mitt då? – Det
har jag under armen!
   Med doktorn då – jag måste ju klara att skriva detta stycke
klart. Det hos doktorn och de flera mediciner. Nej – det går
inte alls. Jag får återkomma när jag köpt mer minne, och
då har jag ändå fått ett ännu en tablett för Alzheimern!, i
samband med läkarbesök-
   Jag kom också på något trevligt idag, det var att syster
kom på promenadbesök i solskensvärmen.


## 2023-02-09 – Inget skriv – men förtvivlan

Orden mina har försvunnit. Jag har mycket svårt att skriva
men ska försöka berätta att jag igår fick ännu en demens-
medicin, d.v.s. att jag redan har den, men den skulle ökas
på. Också tidningen som jag bläddrar i till frukosten. Läser
ingresserna och sedan börjar jag hoppa i texten. Det är inte
möjligt att hålla en tråd, röd eller vilken färg som helst.

Läser dock yngsta sonens bok. Jag sätter mig varje kväll när huset är tyst och läser en stund. Inte för länge för jag kan inte koncentrera mig, det är också så att jag måste läsa om flera gånger, då jag inte har något korttidsminne. När jag läser så kan jag läsa en stund, men ganska snart så lägger sig spännremmen sig runt huvudet. Så det anstränger mig mycket, men åh – Sonen Min – jag är stolt som en tupp för Dig! Jag är så glad att jag sannolikt klarar hela hans bok! :) (Sedan kommer jag så klart glömma mycket av det, men jag kommer att minnas länge, att jag faktiskt läste den!

## 2023-02-12 – Dotterhäng och massor av mat

Vi kom på att vi kunde ses på Börjes, för då möts vi ganska på mittvägen. Ingen av oss hade varit där på länge, så vi tittade runt i ett tag. Sedan blev det fika på »Hyllan«. När vi var klara så kom leveransen av matlådor i mängder! Dottern har lagat en massa mat, för att inspirera mig till att ändra så att det inte är fytinsyra i kosten.

Tog en liten promenad med Melina Katt. Det är helande med katter. D.v.s. när de inte är för jobbiga;) Hoppas att de snart samsas och kan gå tillsammans bägge två.

## 2023-02-14

Undrar om jag gjorde någonting alls igår.... Var i alla fall ute på promenad med mig själv. Hade ju också städdag kommer jag på nu, men sedan tog det nog stopp. Eller..., var hungrig mest hela tiden eftersom jag vill bli lite mindre tung för mina trasiga leder. Jag läste också en del i yngsta sonens bok som bjuder på en härlig blandning av humor och pinsamma tillkommanden.

Ikväll blir det gympa, och egentligen skulle jag hoppa in på allsången, men då krockar jag för sent till sången. Varför ska saker och ting krocka då? Känns inte helt ok att komma in i träningskläder, svettig och stressad... Synd!!

Är fortfarande lika dement som jag har varit sedan jag blev sjuk. Trist. Det går upp och det faller ihop. Mest är jag i en blandning av avsaknad av både gråt och skratt. Min skrivförmåga är numer riktig usel.

Nu ska jag gå ner och äta en av matlådorna jag fick från Isabell – fast när jag går ner så måste jag också ta hand om den färdiga tvätten.


## 2023-02-15 – Ryggont – både igår och idag. :(

Det har hållit i sig i snart i en månad minst. D.v.s. så gör det inte helt lika mycket hela tiden – men verkligen tillräckligt. Åh – vad jag skriver bra idag, med nuvarande måttstock. Det lilla har blivit stort. Så får det lov att vara. Söker att hitta de goda stunder, d.v.s. (satt just en lång stund för att kunna skriva d.v.s.) Sådana fadäser sänker mig snabbt igen. Jag skäller inte på mig, det skulle ju inte göra mig gladare. Men ännu gladare skulle jag vara om inte mina celler geggade ihop sig i sega plack. Hallå!? Jag ser mig som en liten soptant som kan skyffla med en pytteliten plackspade, och på så vis sopa ut geggan ur mina öron. Detta ska inte blandas in med vanligt öronvax, men bägge två kan jag undvika. (Visst, visst, jag förstår mycket väl att vaxet har en funktion.

Var på gympan igår, fast vår ledare var skadad. Vi hade problem med både rörelserna och musiken, men vi fick upp ångan ändå.

Efter gympan for jag snabbt ner till kyrkan, men se det, det kunde jag inte. Jag har mejlat innan att jag kommer lite sent eftersom det krockar lite. Kyrkporten var tung och låst, eller var den ändå inte, men mina atroshandleder inte kunde öppna! Fast i min plan gick jag runt kyrkan för att hitta en möjlighet. Och där minsann satt en liten skara och sjöng, men hur jag än knackade på fönstret så släppte de inte mig. Tog ännu en lov runt byggnaden, men trots att jag gestikulerade och pekade på dörren så stog jag där jag stod. Visserligen är jag inte medlem i svenska kyrkan, men hallå…, en liten demenstant skulle de väl ändå våga släppa in?

Nu dags för annan aktivitet. Öh… jag gör inte så mycket men har bytt sand i kattlådorna, diskat för hand eftersom vår diskmaskin har gått sönder, bäddat vår säng, städat vid katternas matplats, torkat i kylskåpet, och nu ska jag gå ner, och också slänga ut våra sorterade sopor.

Strax har jag en liten pratdate med yngsta sonen.

Och ja – jävlar anamma ;) – Jag har satans in i helvetet ont i ryggdjävelen!! Och ja – jag *har* tagit mina värktabletter… och för den del mina demenspiller. Bägge sorterna.

## 2023-02-17 – Glömt men inte ännu glömt – och för mycket TV

Jo då! Så missade jag vattengympan! Jag hade ställt klockan på 08:15 vilket jag klarade galant. Sedan tog jag en liten frukost och packade min träningsväska, och la alla viktiga saker som jag behövde på bordet, så som jag brukar. På soffbordet låg därför nycklarna till huset och bilen, träningskortet och sedan väskan, plus en vattenflaska, tuggummi, plånbok och lite gammalt kallt kaffe.

Stolt av min bedrift putsade jag mina fjädrar blänkande, och såg fram emot att få minst en stor Silverstjärna för det. Det gav emellertid inte resultat. Ingenting alls. Den där träningsväskan som jag skrev om nyss, den blev kvar hemma. Blääääh! Jag blir så ledsen och trött när jag inte lyckas, och jag vet att alla glömmer – men med en alzheimersjukdom så lyfter det hela till en helt ny nivå!

Det är löjligt mycket tid det går åt för att skriva om dagens dag. Den som jag är snart med. Men på riktigt – jag snurrar hela tiden till det, så om jag inte retuscherade texten, så skulle inte någon endaste läsare, läsare ha en chans.

Jepp, så är det faktiskt. Jag har mer tid än jag borde, men å andra sidan så behöver jag göra ingenting om jag inte ska bli uttröttad och bli ännu mer snurrig. Det går upp som en boll – men var är självande, sälvande, självda, äsch, pannkakan?

Åter trött och utmattad. Dags att gå ner igen. Kanske ta fem liv i Candy Crush?

Vad gör jag förutan det? Jag diskar lite, håller på med katterna, hackar grönsaker till sallad, skalar morötter, sköljer

mina mungbönor till groddar, hämtar posten och vad mer?
Jo – jag ska in slå in paket till Alfred! Jo – och tittar på TV!

## 2023-02-20 – Simonskatt – och då kom också Melinakatten :)

Lunkar runt i min lilla värld. Är på plan mark och letar efter de fina stunderna, och ja – de finns, fast jag varken skrattar eller gråter.

Pratade med äldsta sonen i 24 minuter. (Fråga mig inte varför den infon kom med, men nu kom den med). Han har nu fått datumet för hans xxx det föll helt bort nu. Alltså det datumet då han ska presentera sin Masteruppsats. Det är ju inte ett opponentskap, utan…, öh, vad heter det nu… Nå väl – stolt som en tupp är i alla fall mamman! <3

Ja – upp gick jag för att skriva, men då tyckte Miss Melina att jag skulle gå ner. De håller mig i gång de små pälsningar. (Nytt ord för dagen?)

Jag märker att jag har svårare och svårare att (och där glömde jag, vad jag glömde!!), jo – nej – det är borta. *Borta* är för övrigt ett frekvent ordval hos mig. Borta, borta, borta! Jag vet att jag egentligen skulle ha skrivit något smart och slipat. Istället får jag jobba innovativ, och göra ~~kumlukter~~, ~~krumbukler~~, k r u m b u k t e r, tills jag har fått ihop det. Ett stort tack vill jag ändå säga till stavningsförslagen .

Puhh – jag fick göra den lilla meningen om stavningsförslag ca tio gånger. Det är sådant som gör mig deprimerad. Hade det inte varit bättre att bli av med en fot, en hand, (gärna då den som ändå är full av atros), eller kanske ett men, men, jag kanske får något av det också.

Alltså; Kronisk värk på grund av EDS- över... och där försvann det ordet också! OCH hjärnsläpp, svamphjärna, eller hålrumshjärna. Kul så det räcker. :(

Nu vill jag bara beklaga mig över att min tisdagsgympa har slutat p.g.a. att ledaren har brutit foten. Jag förstår att jag inte är den som lider mest av detta, eller ;) Den passade mig i alla fall bra, men nu så blir det ingen träning på hela terminen.

Och åter igen så är jag inte så drabbad e g e n t l i g e n, men ändå! Det är ju så att vi har fixat (jag pekar mest på grund av min kropp), med vårt storarum med taknock ...... som vi nu håller på att göra till, ännu ett vardagsrum. Tanken är att vi delar rummet i två delar, som vi delar med en rumsdelare i form av en öppen bokhylla. Det kommer bli rymligt och fint. Gymmet får andra delen och där ska vi skapa ett bra och fint gym! Än så länge har jag bara fått upp alla hantlar, och crosstrainern, men jag använde gymmet igår när jag tränade med dottern via nätet.

Ska också se om jag kan få upp ribbstolen också. Får söka lite på blocket m.m, så ska det nog bli jättebra! ;)

Så – nu får jag verkligen släppa skrivandet, får byta till att göra något ~~fallhands~~, öhh...? ~~Handstag?~~ Skit samma – jag behöver göra något praktiskt nu. Ska sätta på tvätten.

Ska också pyssla lite med en present som Alfred ska på. Vi har inte gratulerat honom ännu, fast på lördag åker vi till Skåne och då ses vi allesamman hos honom. Jag brukar boka hotell – så det får jag inte glömma...!

## 2023-02-23 – Synsam – och Team Olmed

Ännu en dag av demenssjukdom. Hallå där! Kan inte någon avlösa mig? Tydligen inte. Som vanligt numera så är jag demenssjuk. Matade katterna och åt frukost. Tog en dusch. Fann faktiskt en gnutta energi, som jag använde till att sminka mig lite.

Förmiddagen funkade ganska bra, och också under tiden till att min boendestödskvinna kom. Lättpratat och jag känner att jag får respekt av de som kommer till mig. Mannen som var bra på sulor och fötter, var inte helt lika bra på att kommunicera.

Jag har svårare och svårare att skriva. Mina meningar ger inte längre mening....

Inte händer det allt för mycket, å andra sidan så klarar jag inte mycket.

Blir ändå trött också idag. Det kräver att få pli på bokstäverna!

P.S. I bilen så frågade boendestödaren om hur jag mår. Jag svarade med att säga att jag inte gråter – men heller inte skrattar. Jo, men du verkar klara dig bra, men då ska du bara veta hur många serotoninpiller jag har..! ;) D.S.

## 2023-02-24 – Vattengympa – och stor trötthet

I dag lyckades jag att faktiskt att komma till vattengympan. Det var en större bedrift än vad man kan ana. Ja, och det är jag stolt över. Hallå där, var är då min guldstjärna?! (Kan delge att jag hade svårt för det här med att skriva ~~guldsjärnta~~, ~~guldjärnta~~ vilket jag alltså inte alls kan. Rätt vad det är så hittar jag kanske det bortglömda ordet.

Det går för snabbt neråt!

Tröstar mig tillbaka till dagens framgångar. Jag lyckades stiga upp i tid, äta frukost, hitta träningskortet, träningsväskan, baddräkten, rena kläder, hårborste, och hus till både hus och bil. Det gick faktiskt bra idag. Glömde inte bort något, kom i tid, njöt av både träning och duschning.

Med det uttalande vill jag framföra – att jag är *ren* framgångssaga!! (Och det långa ordet fixade jag precis i presens!)

Dags att fixa min.., där jag ska lägga mina grejer som jag behöver ha till helgen. Väska är ju ett ord, eller weekend, men vad heter den som jag ska packa mina kläder i, vad annat jag behöver.

I morgon åker vi ner till Lund/Skåne där vi ska fira Alfred. Stannar också till hos äldsta sonen innan vi sedan ska komma till Alfred vid 18:00. Dottern kommer också dit, och så också min syster.

Har nu åter blivit väldigt hjärntrött igen. I går kom tanken över mig om sluta dessa anteckningar, eftersom det kräver så mycket. Jag får fundera. För frågan är vad jag då ska göra?

Det har också visat sig att det var svårt när jag skulle boka hotell – och checka in. Har vi inte ett eget litet svenskt ord för det, alltså det där med checka in...?

## 2023-02-27 – Skåne – och ännu en vattenkanna!

Jepp. Jag kollade många ggr att det verkligen var en vattenkanna som Alfred önskade. Stolt som en tupp slog jag in den. Den stoltheten föll snabbt av sig eftersom det ju var en vattenspruta (är det rätt ord?), typsikt det känns som att det faller tiotusen nydöda celler, snart varje minut. Alltså! Hur många exakt har jag då kvar nu? Sådana frågor är meningslösa, för ingen verkar kunna svara på det. Många sägs det, men vad hjälper det, där det kladdas ihop till kletiga halvdöda celler.

Bortsett från det så hoppades något virus på mig, något som jag dras med nu med. Funderar på att ta ett litet kit och kolla coronastatusen.

Vi firade hos yngsta sonen som nu äntligen skulle gratuleras. Fin middag, dryck, efterrätt, kakor och allt som hör till. Vi blev sex personer i födelsedagslyan, det var Alfred förståss, sedan Simon , Isabell, Hanne, Krister och jag. Det blev bra och vi hann också prata med varandra om det som är tungt.

Också Simon fick besök, då vi stannade till i Lund där vi pysslade med några hyllor.

Gårdagen (söndagen) började vi (Rie+Krister), med hotellfrukost. Efter det blev det en solfin eftermiddag, där vi hann promenera, besöka Malmös Museum, och sedan äta burgare hos Bröderna. Blev riktigt bra.

**Inte minst så fick *jag* en *fantastik present*!** Det visade sig att jag fick en förskottspresent inför min 60-dag. Jag *fick en karta som visade sig innehålla **både att komma runt omkring***

*i Norge – men det till – också få göra det tillsamman med våra barn och svärbarn!*
*– Vad mer kan väl en mamma önska sig?!?*

Min familj har vetet att jag vill till Norge, till Bergen, topparna och dalarna, men att få göra det tillsammans med hela familjen är helt fantastiskt! Jag misstänker att de också vill göra det ganska snart, (det ska bli i autusti), eftersom jag på senare tid tappat förmåga i allt för rask takt.

Så Nu hör jag att städfirman åkt igen, så nu ska jag hänga upp lite handdukar, m,m.

Jag tänker att jag inte är rik som ett troll, men rik som ett riktigt troll, mätt i mina familjemedlemmar!


## 2023-03-02 – Sångstund x 2 – och solfina dagar

Tog mig några dagar utan skriv, men nu tycks jag visst vara på gång igen. Var bokad till »uppsjungning« med körledaren på eftermiddagen, och sedan bestämde vi att jag provar på redan nu ikväll.

Musik betyder mycket för mig, så jag skulle gärna hitta ett forum där min otränade röst kunna platsa. Med hänsyn till min sjukdom så är ledaren införstådd i min sjukdom. Har några timmar till innan jag går ner till kyrkan igen. Jag vill ju mer än gärna hitta mer musik i mitt liv.

Solskenet har hållit sig framme i flera dagar. Bara en sådan sak gör att livet känns bättre, om man inte istället tänker på allt jag ska lämna. Mest klarar jag att se allt jag, kan/får/

ännu har kvar. Andra stunder är det svårare att se det ljusa. I det stora så är jag bortskämd med att jag föddes i ett rikt land, har min familj, mina vänner, bra bostad, trädgård, stigar att gå, etc. etc. Så – nu får den lilla här lilla sorgeturen ta sitt slut. Bra dock att skriva ner dem, för då har jag koll!

Egentligen så läser jag inte bakåt så mycket i min demensbok, men om jag skulle vilja, så vet jag att det finns kvar! Det ger stadga och något att luta mig mot.

## 2023-03-04 – Demenskompis – och kall sol

Har precis pratat i telefon med Annica, fast denna gång gick jag inte ut. Det *ser* ut som att det är fint, men icke! Jag får ta ett tag på vårt halvfärdiga gym, lite hantlar har jag och så en crosstrainer, (stavning?). Tänkte kolla lite på Blocket i eftermiddag efter mer träningsredskap.

Har promenerat mycket denna vecka, så kanske, möjligt, att jag låter det vara idag. Dottern har lagat nya lunchlådor till mig, lyckost!! Yngsta sonen har tagit på sig att hjälpa mig att redigera och fixa med min bok. Han har dock fått lov att inte bli för stressad. Det är ju ett stort arbete han ger sig på.

Har jag nämnt att – vad…? Det försvann. Det gör det mest tiden. Tråden är där, men puff så är det borta. Så vad jag nu hade tänkt säga, så är det väck. Tröstar mig snabbt med ett lite silverstjärnor och småguld. :)

Jag tyckte det var roligt i kören i torsdags, så det hänger jag gärna på i ett tag. Körledaren vet om min diagnos, men hon tyckte att vi kunde avvakta lite. Och visst – det kan ju vara klokt att se mig som Rie, körsångare, innan vi presenterar mitt påtvingade häng med Alzheimer.

Nu känns det tomt i magen så det är dags att ska skaffa mig lite mat.

Nu skriver jag visst om promenader med först Dorthea, och sedan med Mariann. Sedan har jag promenerat med mig själv.

Ah – var ju också på konditoriet igår med finaste Dorthea!

P.S. I morgon skriver jag ut mina anteckningar, alltså de anteckningar som jag har gjort sedan den dag, när jag misstänkte att jag hade fått Alzheimer. Jag lovade tidigare min psykolog att hon skulle få läsa mina anteckningar, men både jag och hon tyckte att det var klokt att hon avvaktade till nu. För denna sittning är den sista med denna psykolog. Hon har hjälpt mig med att härbärgera min kris och min sorg, men också den nyorientering, som jag sedan kommer att behöva revidera många gånger till. Sjukdomen är i progress och jag blir allt sjukare. D.S. Och nu då – Nu ska jag verkligen äta!! D.S.

Och visst ja – det bekanta trycket över huvudet har ökat igen. Kanske för att jag har haft lite mer att göra, än vad min hjärna orkar.

## 2023- 03-06 – Psykolog – och boköverlämning

Sista sittningen med psykologen. Efter detta är det dags att prova de kommunala vingarna. Förutsätter att jag inte kommer att få lika mycket stöttning som jag haft tidigare. Det är rimligt m.h.t. att nya allteftersom dyker upp. Jag är tacksam för den stöttning som jag har fått (in i glidet neråt). Helt krasst, när nya behöver hjälp.

Som avslutning överlämnade jag mina boksidor/anteckningar, till psykologen. Vi har pratat om det tidigare, men var då bägge på det klara om att vi inte skulle blanda ihop de två d. (Jo alltså min bok och öööhh…vad..? Åh – jag är i sanning fylld av vishet! – Eller kanske inte….. , en ena var ju psykologen i sin roll, och sedan mina anteckningar…. Ja! Yes! Jag har räknat ut det. Det blir två! (I mitt tidigare liv hade förmågan att räkna ihop två saker inte fått mig att bli euforisk. – En psykolog och ett stycke bok.

Vad gjorde jag mer – Jo faktiskt, jag handlade lite mat som jag smusslade undan när jag kom hem. Det blev lyckat och jag och boendestödet lagade mat som Krister blev glad över. Med kött som han ju äter. Men det kändes mycket konstigt att gå omkring med kött i kundvagnen.

Efter det så åkte jag raka vägen hem, fast först hoppade jag in på Hemköp, som ju så ligger bra till vid rondellen hem. Bra det – får då ska jag inte rodda runt i staden bland en massa andra bilar. Bra!

Kan tillägga att maken blev överrumplad över denna gest. Ty det är inte så ofta som jag lagar mat numera…

Det är svårare och svårare att handskas med bokstäverna. Ledsen för det.

## 2021-03-08 – Internationella kvinnodagen!

Var på Regionteater Kronoberg – »*En musikalisk hyllning till historiska kvinnor.*« Blev upphämtad nere vid Konsum av syster och ett gäng damer. Det gav mig också en fin promenad med sol, och på väg hem igen så fick jag en aftonpromenad. Var lite skärrad på grund av att vildsvin har hållit till vid lilla bron, men jag såg till att låta lite mer än nödvändigt. På teatern fick vi morotssoppa som var allt för saltad och med för mycket chili. Jag som mest äter direkt ur barnmatsburkar... ;) Bortsett från det så var det en fin upplevelse, med både allvar och rent musikaliskt. En fin afton alltså.

## 2023-03-09 – En riktigt skitdag – som ändå vände sig rätt

Jag blev uppringd av Geropsyk till mitt morgonkaffe (d.v.s. vid 11:tiden). Läkaren ville öka min bromsmedicin. Jag var lite skum på hur det skulle gå med en extra tablett på morgon, det verkar vara så att jag inte tål så mycket på morgonkvisten. Och Puuuuhhh!! Det blev en repris av den gång då jag först fick min bromsmedicin. Jag pratade med syster men jag blev sämre och sämre. Hade jag ännu en gång fått panikångest eller vad hände? Jag försökte bara vara i det för vad annat kunde jag göra. Var jag svårt sjuk, eller var det medicinen. Usch, framåt eftermiddagen kändes det lite bättre, men alls inte bra. Eftersom jag fortfarande trodde att jag hade panikångest så tog jag till slut en scnadi...öh...vad den nu heter. Blev kanske lite bättre av den. Skulle jag våga gå ner till Kören vid 18:30? Ville ju egentligen inte missa den. Åt mat, mådde fortfarande dåligt. Bestämde mig till slut om att det inte längre var, vare sig bromsmedicin eller panikångest som störde mig, utan nu hade jag helt gått över till att vara rädd för att vara rädd.

Klädde resolut på mig och promenerade ner till Kyrkan. Innan jag gick tog jag en tablett till av det lugnande, och om det sedan var själva medicinen, musiken, promenaden eller tiden som gått, så började jag må bättre. På plats i kyrkan med sång i munnen så var livet värt att leva igen. Fick en farlig, (p.g.a. ishalka), promenad men jag traskade jag glatt hem. Tack för att den djävulsdagen till sist vände sig rätt!

## 2023-03-11 – Framtidsfullmakt – och – aldrig utan min ~~almenacka~~!

Av gammal hävd har jag alltid skrivit i min almanacka, och också idag gör jag ett försök för att se om det inte ändå jag som har rätt. Det hörs ju liksom att det ska heta almenacka och inte almancka. Det låter bäst!

Nu minns jag inte ens vad det var jag skulle skriva om i min almenacka…. Men visst – det är så att jag alltid behöver min agenda. Utan den skulle min värld falla ihop. Den är min trygghet, mitt hopp och också min tro..;)

Ikväll ska jag åka till vårt mammas hus, där mina syskon också är. Vi ska äta middag tillsammans, men vi ska också fylla i de papper som vi tillsammans ska fylla i, m.h.t. mitt framtidskontrakt. Jag känner att det kommer lätta – när detta ska ….. Hade ett rim på tungan men det fall bort.

Så skönt när dessa papper har landat, påskrivna och fina. Skit att behöva dem, men bra att kunna göra.

## 2023-03-13 – Städdag och grått regnblask

Efter att ha gjort min del av städet så har jag bara fått tiden att gå. Det är ju inte så svårt, för tiden går ju av sig självt. Eller..? Till slut så köpte jag en laksak till katterna. Jag kommer ju inte så mycket i affärer numer, men jösses vad man kan köpa på nätet!

Är glad över att framtidfullmakten är klar. Känns bra. :) (När det nu är som det är).

Det är en långsam måndag för en sådan som mig. Jag lever i det lilla, jag gör det lilla, men äter gör jag stort! Det är ok, fast mina skruttiga leder behöver inte mera tyngd.

Läser yngsta sonens bok, och han läser min! Inte denna demensboken, men den boken som jag inte klarade av att avsluta. D.v.s. boken är klar men jag har inte efterarbetat den. Det blev till sist för mycket för mig. Och nu – börjar trycket över huvudet igen. Det blir så hela tiden när jag gör något som kräver skärpa. Som en för liten rem som sitter åtdraget runt huvudet.

Med denna lilla session så hoppar jag att städet snart är färdigt, för då ska både jag och katterna få mat.

Sa jag att vi tränande duktigt jag och BulleMi över nätet igår?

Hmm, visst skrev jag ganska bra idag. Beror det på ökningen av bromsmediciner?

Fast jag tar *inte* två Rivigastin samtidigt på morgonkvisten, för det törs jag inte. Jag jobbar för tillfället istället med att ta dem varannan timme typ. Alltså, 11:00, 13:00, 15:00, 17:00, 19:00 och 21:00 – typ så alltså.. ;) I alla fall de som jag tar i början av dagen...


## 2023-03-15 – Zoooovmorgong – och promenad

Ja jösses vad jag kan sova! Mer död än levande kan tyckas. Efter ett långsov så vaknade tanten. Till slut. Man kunde tro att man borde vara utvilad efter 11 timmars sömn, men trötta och sjuka hjärnor behöver verkligen mycket vila. Och då pratar jag inte bara om sömnen, för det är också så att jag behöver vakenvila också. Annars kokar jag ihop. Vakenvila är tiden när det är tyst omkring mig, men också vilande i min fåtölj och se dåliga – eller bra serier. Eller film. Böckerna är utrensade för länge sedan. Jobbar dock igenom yngsta sonens bok. Jag vill det och gör det! Är stolt över hans förmåga att fånga de olika känslorna, men också hans humor.

Som väl var så hade jag också en promenad bokad med Mariann. Det blev en bra promenad med prat. Tog rundan förbi biblioteket där jag hade ärende. Trevligt med prat- och promenadtur.

Mariann ska snart bli farmor, och det kan få mig lite sorgesam, för så klart skulle jag också vilja välkomna ett

barnbarn, medan jag ännu förstår att det är vårt barnbarn.
Och nej! – Jag vill absolut inte få Er uppmanade till att få
barn, innan ni eventuellt vill. Världen är överbefolkad som
den är, så gör det bara om *Ni* verkligen vill! Och så klart – *då*
hade jag mer än gärna välkomnat ett litet barnbarn!

Alltså, i två dagar har jag ätit allt jag har fått tag i. Hungern har inte kunnat stillas innan den fick vad den ville – och
då blev det allt för mycket. Hetsätning är varken vackert eller
sunt. I kväll avlutar jag därför min överätningssession för
denna gång. Ikväll ska jag gå tillbaka till mer hälsosamma
portioner.

Äldsta sonen med flickvän är på Teneriffa. Önskar dem
en fin semester!

Är stolt ännu över min framtidsfullmakt!

## 2023-03-18 – Överäter fortfarande – och letar träningsprylar

Så är det. Det blev ännu ett par dagar med allt för mycket.
När överätningen kommer så är det mycket att få stopp på
det. Igår var vi dessutom inne i staden där maken bjöd mig
på halloumiburgare, med pommes och där Krister bjöd mig
också på en lyxshake. Jag hade ju valet att låta bli, eller…,
jag kunde ju inte låta bli.

Efter att Krister kom hem, så åkte vi till svärmor, och sedan sökte vi oss runt i staden. Ingen bra träningsbänk kunde
vi hitta. Något snopet, men vi ska kolla på nätet i helgen. Vi
får helt skicka efter en.

I kväll ska vi till Dorthea, där vi ska bli bjudna på middag. Vi tycker att Lets dance är trevligt, och vi tycker det är trevligt att se det första avsnittet med henne. Jo – ja – till kutymen, så gäller det att komma i pyjamas. Jag vet inte när vi egentligen började med pyjamaskväll, och det går ju bra, bara vi inte blir stoppade av polisen, eller av annan anledning till att gå ut ur bilen. ;) Nå väl – även seder ska ju hållas. (Annars är de ju inte ens en sed).

Var också på kören i torsdags, och på min vanliga vattengympa i går..

Mår egentligen hyfsat bra, med hänsyn till min alzheimersjukdom. Fast just den, kunde jag ha avvarat. Den är i mitt huvud hela tiden eftersom jag måste slåss emot symptomen, som begränsar mig hela tiden. Det går helt enkelt inte glömma den! :( Fast – jag tror inte att jag drömmer om den. Alltid något! Liten stjärna av guld för det. :)


## 2023-03-19 – Jag vill visst till Vellinge!? – Om inte annat dyker upp på demensfärden

Sitter hemma ensam. Eller ju med två katter. Maken är på utflykt men kommer hem framåt kvällen.

Min väninna hade på sin bank, fått tips om att ett framtidskontrakt kunde vara bra att ha, men det var det skulle kosta 2 500 :- Jag har åter igen läst igenom vad det står i Svenskt Demensforum och jag vill mena att jag inte ska behöva betala för att lägga till i någon bank eller så. Jag har mitt kontrakt, och mina två personer har varsitt. Tror att vi stannar så.

186

Och ja – idag tittar jag på Vellinge som har en demensby som heter Månstorp Ängar. Det blir kanske lite besvärligt för mina kära, fast för vissa av barnen så blir det lättare. Å andra sidan kommer jag tappa mina förmågor undan för undan, och då kommer mina nära veta att jag har det bra. (Om det alltså faktiskt låter som, på deras sida.)

Måste visst vila huvudet nu. Ska fortsätta att titta på det senare när huvudet har vilat.

Lite senare ska jag också prata med min demenskompis.

Får nog bara fundera ut hur vi ska flytta isär, medan Krister lever vidare i huset.

## 2023-03-21 – Inte ALS – och här sitter jag och gnäller

Idag var jag med Camilla för att jag skulle till Teamolmed. Boendestödet hade blivit sjuk, så jag gick igenom mina vänner och kära. Efter en stund så lyckades det att få napp. :) Tack Camilla!

Vi började på Teamolmed, sedan fick jag ett nytt lås till mitt armband, och sedan fick jag också två paket Salivin, som det var 30 procent på. Nice! Camilla var med mig hela tiden, eller rättare, vi delade också på oss, men då kollade hon att jag hade fått mina grejer.

Från Hovmantorp körde jag själv, och det passade bra att Camilla hade förmiddagspass på sitt jobb. När jag var på väg hem i min egen bil, så dök det upp ett radioprogram där det handlade om ALS. Jag fick då höra tjejen som pratade svagt och som hade ALS. Till det så var tjejen bara 24 år! ALS brukar väl annars komma senare i livet. Hon ställde sig varför hon hade blivit drabbad, och ja, med den jämförelsen är min Alzheimer en »walk in the park«. Kom ihåg det Rie!

Nu är det dags för ännu ett tv-program. När jag ser på TV – alltså om det inte är *för* krävande, så känner jag mig som vem som helst. Och det är ju lätt att säga när både katterna och maken sover.

Nu ett lass med frukt och Keso, och sedan läsa några sidor i min yngsta sons bok! Jag är så glad över att jag har klarat att läsa hans bok! (Snart...)

P.S. Förutom att jag ... det försvann visst – på riktigt...!
D.S.


## 2023-03-22 – Schimpanser – och så människor igen...

Tänkte egentligen inte skriva här i detta forum idag, men jag har nog redan tröttat ut maken, facebook och snart hela chatten. Ledsen efter att ha valt dokumentären om Schimpanserna på Furuvik, när jag skulle mumsa i mig en god vegetarisk matlåda som kommit från BulleMi.

Vi borde kunna vara bättre mot djuren. Ett exempel kan ju vara att inte äta upp dem. Om inte – så får man i vart fall se till att djuren har goda förhållanden, (och ja – vi kan så mycket bättre!). Om man ändå tycker att bilden av ett bett i ex en kos mule, eller ett bett i en gris bakdel, är xxxxx tappar ordet, lockar, (här kom det), så får man lov att se till att man gör det utan ångest för djuret. Öhhh…. Hur skulle det kunna gå till…?!

Kanske om man bara äter djur som man dödar snabbt, med en duktig jägare som snabbt dödar djuret?

För egen del så har jag också satt tänderna i andras kroppar. Smaklöst av mig. Genom åren har jag ätit kött i perioder, men de senaste 10-15 åren så äter jag inte någon annan. Sedan har det hänt att en insekt eller så, har flugit in i min mun… Inget är helt perfekt ju… Detta var ett heligt avskriv – alltså jag behövde skriva av mig!

Nu ska jag ta ett litet pass på hemmagymmet. Det kommer inte att vara långt. Det kommer heller inte att se bra ut, och möjligtvis, så kommer jag heller inte undvara att svära över min förfäliga idé.

Tack för ordet! :)

Sorry – det här forumet är ju egentligen inte en plats för att vräka ur mig – om politik, synpunkter m.m, men tack för alla piller, som gör att jag *just för tillfället* kan skriva som en vanlig tant!


## 2023-03-24 – Bad – och, öh…vad..?

Jag gick upp för att skriva lite, och jag menar att jag hade en fin och skärpt ingress, men… den försvann. Jag borde vara van vi det här läget, men det är jag inte!

Bestämmer mig för att istället går ner och äter. Det är trösterikt och mättande.

Tillbaka till brottsplatsen. Har en liten katt som vill ha uppmärksamhet mest hela tiden. Det stressar mig många gånger under dagen. Å andra sidan vore ett liv utan katt, det vore ett torftigt sådant, – helt utan både katthår och klösta möbler. ;)

Har inte gjort så mycket idag. Var i alla fall på vattengympan, men sen kan man verkligen undra hur jag har fått dagen att gå. Flera dagar önskade jag att dagarna inte var riktigt så långa. Håller mig till min icke bästa syssla – nämligen att **leta**!! Man skulle kunna tro att jag vid det här laget hade hittat alla mina saker. Så praktiskt det vore! Men nej, nej, nej! De flyttas istället runt hela tiden så att jag får god motion på köpet.

Vad har jag annars gjort. Jo – jag var på kören igår. Känner mig dement så snart jag gör minsta fel. Andra ser/hör nog inte alla fel – men jag gör!

Nu ska jag skriva till vår familjesida (på chatten). Köpte nämligen en ram för ett tag sedan som kostade 30:-, och som gav plats till fem bilder/teckningar/citat/foton eller vad ni vill. I vart fall så ska jag presentera den för familjen. Gärna något som Du/jag, gör/är, nu. Ni får själva bestämma om Ni vill ha Era respektive med. Vore en kul sak tycker jag!


## 2023-03-27 – Bakningsdags och sjuk katt

Melina katten är sjuk. Jag har ringt veterinären och om hon inte är bättre i morgon vid 08:00 så måste hon till veterinären. Till dess ska vi tvinga in lite mat i henne. Särskilt lite vätska.

Helgen är som helger är, d.v.s. att vi håller på och håller på i det gamla huset. D.v.s. jag orkar ju inte så mycket… Tränade med dottern igår och så hade vi familjeträff över nätet. Nu hoppas jag att städet nere är klart, så att jag kan titta till katten Miss Melina.

## 2023-03-28 – Deja ve – För har jag inte redan skrivit detta?!

Det är märkligt, det är som att jag upplever deja vu nu, oftare med min Alzheimer? Konstigt. Men med tanke på min sjuka hjärna så borde nästan vad som helst kunna ske. Och då får vi inte glömma att orden kommer in från sidan, och inte från hjärnan. (Se tidigare anteckning).

Var iväg med katten idag. Fick en jourtid till vår lilla Miss Melina. Skriver kort. Behöver hjärnvila – turligt nog så kan jag se på TV samtidigt – fast så klart, inte något som kräver allt för pigga celler.

Fina Alfred hjälper mig med min bok (inte denna). Själv har jag avklarat sonens bok, och ja – jag har nog redan skrutit om det. Tycker att jag får en stor fin, fin, Guldstjärna för att jag har varit med till att skapa honom!

Har ju haft mycket kattproblem – o c h – katten mår bättre nu när hon fått i sig vätska i dropp, mediciner, blivit röntgad och kollade på alla sätt. I morse när jag hittade katten i e

Lite gnissel mellan jag och Krister, och så får det vara ibland. Han har mycket att stå i, så att jag behövde be honom att ta oss till veterinären, som tog sin tid, tog lite mer kraft än vad han egentligen orkade. Han fick därför lämna jobbet för det. Just denna gång fanns det inte någon som kunde hoppa in. (Eller snarare – vi visste ju inte detta i förväg – och vi visste heller hur lång tid det krävde hos veterinären, och då är det svårt att boka).

Memantinet ökas till 20 mg (maxdos)

## 2023-03-29 – Värkont – och jag är *inte* med på noterna!

På riktigt. Jag är inte längre med på noterna! Satte mig vid pianot idag men noterna var för svåra. Hade tänkt öva in lite innan kören i morgon. Men nej. Då försvann det med. Inte bara själva noterna – utan hela notskriften! Eller tjae… jag klarade lite, lite grand, men då med emfas på lite. Kan jag möjligen överklaga not- och celldöden, eller ta upp det ända upp till EU-rätten? Tyvärr igen. Här finns inte någon alls att appellera till.

Sen timme och trött tant. Ryggen orkar inte hålla mig, så det är snart dags att sträcka ut den. Är det inte huvudet som besegras, så är det kroppen!

Lilltass (alias för Fisen), ligger här vid mitt tangentbord. Hon sover och gör små söta snarkljud. Hon vet att jag är här, men hon nöjer sig med att ligga i sin kattbädd. Den andra katten ligger i vårt sovrum. Hon är ännu mycket sjuk, men hon får sin medicin och vätska, och pyttelite mat.

På grund av att vi bygger om på övervåningen så har jag inte kommit åt pianot på ett tag, men nu, när det har kommit på plats igen, så hade jag alltså tappat förmågan. Den kändes.

Hann också få till ett litet telefonsamtal med äldsta sonen – Simonskatten!

Ser att jag har skrivit flera dagar i sträck, så nu får jag spara lite ~~svartpulver~~, ~~svärtpulver~~, eller vad det heter – för nu lägger jag ned och lägger i samma veva, nästan mig själv också. Men då – precis när jag hade släppt det, *då* kom ordet fram! Trycksvärta.

## 2023-03-31 – Missad bassängträning – och huvudet sväller

Stora delen av min dag har varit att försöka lossa det bälte, som jag känner att jag har runt huvudet, allt som oftast, men hur mycket jag än vilar så är hjärnan lika trött. Det är trist med råge. Min skröpliga kropp stoppar många aktiviteter, och hjärnan hjälper till. Alltså – skräp er bägge två – säger jag luttrat. Hi hi – det blev ju faktiskt lite kuligt – fast skräp är ju ordet!

## 2023-04-03 – Studiebesök månde ske – eller bara stor förvirring?

I vart fall är jag glad över att Miss Melina är mycket bättre nu. Hon solar sig i solskenet och kommer in då och då, för räkor och lite kel. Hon sover mycket men piggar på sig. På natten ligger hon i vår säng. Hoppas nu att det inte blommar upp igen när vi ska avluta medicineringen!

Har hållit på i ett par timmar med att försöka få tag på någon på Vellinge, eller rättare på Månstorps Ängar – gick upp till datorn utan min kladdpapper, så sådana måste man ju ha. Det som svävar i skalpen är lyftigt och mycket lätt att tappa bort. Ord ska skrivas med bokstäver. Inte i prat. Inte i sång, och inte heller i farten. Memorera då Rie! Jooehhe…, det är ju just det jag inte kan!

Ska gå ner igen om en stund, och då hittar jag nog mina kladdpapper. Med tur. Det kan lika väl vara att jag börja göra något här uppe som jag just får syn på. Då tar jag den bollen i stället. Förr eller senare brukar jag hitta tillbaka till det jag gjorde, men åh så många gånger varje dag börjar jag med en helt ny input, bara den kom i ögontrakten. (Ögontrakten?!) Det får duga i alla fall.

Snart är det dags för mig att äta och se något okrävande program. Är det inte korrekt? Okrävande tycker jag i alla fall att jag vill kunna använda. Yes – jag kan göra precis som jag vill här med mig, med alzheimer och katterna. Har i alla fall klarat att boka vattengympan och boendestödet. Good enough! Stjärna på det tycker jag. Ger mig en stor silverstjärna över mina tappra försök att komma till någon på Vellinge By!

Kommer att kolla med Geropsyk om jag kan få en uppdatering över när jag har fått ökning av mina mediciner. Det vore intressant om mitt mående då, också gjorde mig piggare? Jag tror på det – men skulle gärna se historien. Evidensbaserat. Svart på vitt.


## 2023-04-05 – Judaskyssen – och vad trodde jag?

Det undrar också jag. Jag har nämligen ingen aning om vad jag syftar på, m.h.t. den rubrik som jag har satt på detta stycke. Skrev titeln innan idag, och trodde mig då varit slug nog att skriva in den i min rubrik. Men vad jag trodde på, vet jag nu ingenting om. Fast eftersom det var flera timmar sedan, så har kanske just den lilla cellen dött.

Såg två avsnitt med Krister om Alzheimer, (maken låg sjuk i soffan). Jag har också pratat med min demenskompis i en timme. Vi var som vanligt eniga om det mesta som berör onödigheten med att ha alzheimer. Däremot så tycker vi att det är alldeles nödvändigt att demensfrågorna kommer upp på agendan. Vilket i och för sig redan pågår. Det är bra! <3

Och Judaskyssen? Jo – samma visa som förra våren. Då kom Krister hem från jobbet och gav mig en puss på munnen, *innan* han berättade att han kände sig sjuk. Då var det Corona, som jag också fick. Och nu är det samma visa, (åh vad jag fick tänka innan jag hittade ordet visa), igen – och vem sitter här nu och känner att det är något på gång i min hals också...?

## 2023-04-06 – Lägg det på minnet!

Tydligen har jag velat skriva något som jag skulle lägga på minnet. Säkert något briljant och begåvat. Det vill jag i alla fall tro... ;)

Och idag ringde Alfred och sa att pojkvännen hade gjort slut med honom. Åh skatten min! Vi pratade en långs stund i telefon igår, och sedan skulle en kompis komma på eftermiddagen/kvällen. I morgon kommer han med tåg i morgon. Så tråkigt! :( Nu får vi pyssla om honom gott vi kan.

## 2023-04-07 – Bassängbad – och ledsamheter

Bassängbadet var ok, fast jag verkar ha blivit lite trött på det. I alla fall blev det vattengympa, tvagning och sedan några varor från lågprisvaruhuset i Kosta. (Yes!! Jag satte den till sist – det var mycket svårt för att hitta ordet lågprisvaruhuset!!)

Krister mår bättre nu, fast är fortfarande hängig Just nu sover han. Godis köpte vi till eventuella barn som skulle knacka på. Det gjorde de inte. Det var ~~oansvarsit~~, oansvarsfullt – är det ett riktigt ord då...? Men tillbaka till dem – eftersom det inte kom några barn, så kände jag och Krister oss, tvungna till att göra processen med godiset kort.

Och ledsamheten, Skatten Min – usch så tråkigt!! Det kommer att bli bättre, men för en tid så kommer det att göra ont i honom, vilket också spiller över till oss andra. Vi känner med Dig Alfred!!! <3 <3 <3 Om några timmar kommer han hem till oss, så då får vi tid att prata.

Nu ska jag snart gå ner igen, och nu skriver Simon och meddelar att han är i Viserum. :) Hans svärföräldrar har ett sommarhus där, och då kommer de hit i morgon (och söndag!). Också dottern Bulle Mi, är i ankommande – fast först i morgon.

Som brukligt i vår familj, så är det dags för den årliga äggrullningsbegivenhet. (Bästa ordet för idag....). Med det så låter jag påsken vila – utan att skriva mer på några dagar. (*Om* jag alltså kan hejda mig...

Mycket av det jag hade tänkt göra i veckan, har inte blivit av. Det är svårt på flera sätt numer. Det som blir, blir, och mycket annat blir inte av. Maken undrar ibland vad jag gör på dagarna – och det gör jag också! ;)


## 2023-04-11 – Hemmadag – och Boendestöd!!

Jepp – idag skulle jag vara ensam hemma, men..., jag hade helt glömt att boendestödet skulle komma. Av någon anledning hade jag inte skrivit in Boendestöd i min almanacka – och utan almanacka är jag som bekant som en nyfödd kalv. Vinglig, yr och vacklande. Det är jag det.

Jag fick hjälp att få tag i mina brev som ligger i ett högt skåp, bland grejer och allt möjligt blandat. Började titta lite på dem, men avvaktade. Det är i alla fall min mening att jag vill gå igenom mina brev och eventuellt plocka bort några som jag nu har chans att slänga bort. Egentligen tror jag inte att jag har några stora hemligheter, men nu när jag ännu kan, så kan jag frisera mitt liv lite. ;) Smart drag tycker jag – så det blir Guldstjärna för det!

Har suttit och anmält mig till flera forskningstester. Kanske just jag kan göra en liten, pytteliten, millikrupski (nytt ord för dagen), skillnad som gör att någon annan får det bättre.

Läste lite på nätet igen. Det gör jag ofta. Idag fick jag se ett ord som jag nog inte har använt, det är nervcellssönderfallet. Det låter inte så uppmuntrande alls. Och ja – jag kopierade ordet och klippte in. Ett sådant långt ord kan inte bara rymmas i mina hjärnceller, så där bara utan hjälp. Klippa och klistra är bra grejer! Nu är hjärnan trött och matt, efter boendestödsprat, och häng på nätet.

Påsken blev fin på många sätt. Bara tråkigt att Alfred inte hade det så bra. Tänker på Dig Alfred!!

Jag föll i godisfällan med ett förskräckligt magplask. Jag lät allt som var gjort av socker rinna ner som sirap i halsen på mig. Idag är det emellertid det slut. Skärp mig!!


## 2023-04-12 – Ferlin – och en vanlig hemmadag.

Inväntar städfirman och passar på att läsa Ferlin. Och då hamnar jag lätt på en av mina absoluta favoriter. Har genom åren alltid haft en fäbless för hans dikter. Det svarta och humoristiska känner jag mig också känna.

Jag har då börjat gå igenom mina brev, och också små dikter och annat som jag har haft framme, men också andra som legat i lådor. Ferlins böcker var för resten några av de få, som överlevde när jag rensade ut mina böcker för något halvår sedan.(Kunde inte låta bli att backa i min/denna anteckningsbok för att se om jag mindes rätt i tid.) Ok ja – det var inte så dåligt pinkat, som man säger. Fast jag tror egentligen inte att jag någonsin har använt detta ordsätt. Bjuder på denna, eller snarare Ferlin bjöd ju på denna!

**Snart**
Min humor var en skallra.
Lätt skallrade jag väck
den största som den allra
minsta lilla skräck.

Snart går jag utan vapen
och med ett ur som stannat
direkt mot galenskapen.
Jag orkar inte annat.
(Ferlin, Nils. 1951. *Kejsarens papegoja*.)

Tycker också känna igen mig själv i denna dikt. Direkt galen är jag väl inte för stunden, men min diagnos kommer att fortfara så att jag tappar mig själv.

Och förresten, jag var ganska bra på att minnas när »bokbålet« här hemma gav sig. Det pågick i mitten av november 22.

Idag fick jag ett sms från Johanna – hennes systers man har fått en blanddemens, vaskulär och alzheimer. Jag tänker att jag skriver ett mejl till henne, för att sitta och skriva längre texter på mobil, är inte helt kul.

Nu hoppas att städet kommer – så att jag kan gå vidare med min dag!

Och nej! Hittade några små godisar i skafferiet igår, fast jag trodde att allt nu var uppslukat… Liten silverstjärna bara för att peppra mig till att inte skaffa mer!


## 2023-04-14- ~~Kattiokera~~ – Nu, då eller när?

Så är det numera, att jag blandar och ger fritt av det som kommer från hjärnan. Tiden kan vara nu, sedan eller inte alls. Ibland kan jag till och med ta tag i en minnesbild, som jag sedan inte själv vet hur jag har kunnat få (!). – Och då kan jag få fram ett minne som inte ens har hänt. Tro mig, det händer!

Jag försöker (som i rubriken), ~~kattigerera, kattegora, kettegorira~~! Det ordet tycks vara fulltsändigt omöjligt att få till. Jag vill ju ha det ordet till min mening. Det jag egentligen vill göra, är att kunna kattegorera (GER UPP!!!)

Det är ändå det jag vill. Jag vill gruppera mina minnen så att de kommer rätt på tidszonen. Så är det nämligen inte längre. Helt plötsligt kan det dyka upp en Joker som friskt blandar och ger, så att inga kort hamnar rätt på tidslinjen. Protest mot det!

Förresten – har jag nämnt att vår Simon hade sin presentation på hans master. Allt gick bra! Stor Jätte Guldstjärna på det! = Stolt Mamma! :)

Och så vill jag ha en anledning till att skriva ordet förstulet. Jag såg det idag, eller kanske i går eller så, men nu vill jag använda det. Förstulet. Det låter vackert och sorgligt, så som livet ju är. Det gör inga stora gester, det är blott förstulet.

Oförmärkt är också ett bra ord. Jepp – Nu vill jag slå ett (tangent)slag för dessa ord!

Nu blev jag trött i huvudet. Det bälte som vilade tidigare idag, har nu tagit sig plats. Förutom att skriva dagens anteckningar, så har jag också fixat med mina mediciner. I övrigt har jag varit på vattengympa, det klarade huvudet. Sedan var jag i kyrkan där jag hittade min mobil på en hatthylla. Då blev jag glad. Jag h a t a r nämligen när jag blir av med mina ägodelar, och det händer allt för ofta.

Egentligen borde jag inte vara så hjärntrött nu, fast det räckte tydligen för att det bekanta bältet sluter sig nu runt mitt huvud.

## 2023-04-17 – Väninna – och (mycket) gammal dikt

Haft en fin eftermiddag med vännen Gitte. Både solsken, promenad, prat, glass, kaffe och allt vad det var.

Efter att ha vilat hjärnan (ja, alzheimerhjärnor blir fort trötta), så har jag nu gått tillbaka till datorn och avdelningen brev och dikter. Förutom att vi fikade och pratade, så tittade vännen och jag på gamla brev, som Gitte och jag skrev någon gång i sjuan. Ganska intresserat att se vad vårt nu, hade haft att säga om oss då. Vi fick i alla fall flera (riktiga!) skratt. Det händer annars inte nu mera.

Idag var det värst att prata danska, men eftersom vi känner varandra sedan lågstadiet i trean, så skulle det kännas märkligt om vi inte hade pratat danska.

Denna hittade jag bland gamla brev, texter och annat smått och gott. Tror att jag skrev denna någon gång när jag var runt 25-30 år;

När jag sträckte på mig
för att nå stjärnorna
slog jag huvudet i taket
föll omkull och bröt nacken

När du böjde dig ner
och såg att jag var död
skakade du på huvudet
och gick ut för att gräva mig en grav

Skrivet krasst så som jag känner mig, och så krasst som jag är. Tackar för en fin dag – och jag inser att jag inte kan använda min hjärna särskilt mycket mer idag.

Börjar så smått på att tänka packning till mig när vi åker i gryningen lördag morgon. Tror att vi behöver åka hemifrån ca 04.00.

## 2023-04-18 – Sydags, men jag kan ju inte träda tråden!

Vad är ~~ottens~~, ~~odsett~~, odsett på det. Hur skriver man det? Precis så var det tyvärr. Jag samlade kraft för att laga mina byxor och tog fram sysakerna. Det skulle ju inte vara svårt, tvärtom – snabbt avklarat tänkte jag. Men nej!! Då hade det plötsligt blivit helt omöjligt att träda nålen (säger man så)?

Jag satt som ett fån och tittade på de tre sakerna och försökte få ihop det. Jag hade tre saker att arbeta med. Det var en synål, en tråd och en nålpådragare. Jag tittade på de tre sakerna. Synålen, en grå tråd, och en nålpådragare. Det gick inte. Hur jag än vände och vred runt bland alla (de tre…), så kunde jag inte få dem att samarbeta med mig. Eller så var det ju jag, som inte fungerade. Min hjärna går förlorad medan det kletas runt med beta-amyloid och tau.

Tre saker. Tre! Inte trettio eller ens trettioett, utan *tre* stycken! 1 styck sak, 2 styck sak, och 3 styck saker! Gissa om det kändes som ett mega misslyckande?! Efter flera timmars vila så lyckades jag, med hjälp av en facebooksvän som guidade mig – med de tre (!) sakerna. Puh…. och Tack!


## 2023-04-20 – Gårdagskväll utan att trycka på spara!

Mina små stycken kräver mycket av mig. Det är så mycket som kan gå fel bland bokstäver, punkter och andra skrivtecken. Och fel – det blev det igår! Blääääh!!! Min sittning vid datorn igår krävde tid, energi, och inte minst dugliga hjärnfunktioner. Det hade jag tyckt bra om att ha. Tyvärr hade jag det inte igår. Eftervärlden, och också mig, kommer att sakna den hänförande text, som jag skapade då. För den försvann och slöks ner på ett endaste misstag. Borta var det. Jag hatade det en lång tid när jag insåg mitt misstag. Gör inte så med mig, jag. Du blir upprörd, uppgiven och arg på mig själv. Jag hatar det. Jag hatar det! Jag hatar det! Jag *hatar* det!

Har i alla fall packat bort påsken nu, det tog en stund innan jag orkade. Hade i alla fall en fin eftermiddag med Dorthea igår med solskenblåst, promenad och fikaprat. :)

Ska strax ringa till min demenskompis, och sedan hjärnvila, sedan öva inför kören, sedan hjärnvila igen, och sedan till kyrkan för övning i kyrkkören.

Nu har jag blivit mycket trött igen. Hjärntrött är nu mitt nya efternamn, så glöm det där med Berthelsen-Gustafsson. Rie begåvia. Nähej Du, det var lääääänge sedan jag var skärpt.

Ska avsluta min skrivsession med – och där tappade jag det... Hoppas det inte vara något förstklassigt som jag tappade bort uppe på hjärnkontoret! Dags nu i alla fall Rie, Du Ska Vila Nu!!

## 2023-04-27 – Ett år med diagnos vilket jag inte firade – men ändå, jag lever ännu!

Det var alls inte säkert att jag skulle klara det. Det har varit jävligt att leva med sjukdomen och ibland har jag verkligen velat avsluta, men har ännu saker att göra. Då och då förvissar jag mig om att jag fortfarande har mina tabletter. Visst kan det väl vara en risksituation att ha dem, men på andra sidan, så hade jag *inte* klarat att *inte* ta livet av mig! De har gjort att jag orkat leva ännu ett tag.

Det blev så att jag inte mindes att detta var självaste D-day, eller helt enkelt min diagnosdag.

Resan var bra och intensiv. Så mycket mer än mitt huvud kan härbärgera. Många gånger under resans gång kände jag mig mer som en liten flicka, än som en självständig kvinna. Det är så mycket som faller bort. Någonstans så kommer vår relation förändras, då när jag inte längre kan hävda mina önskemål, behov och viljor. I eftermiddag gick vi igenom vår ekonomi efter resan men det tar så mycket energi från mig, för att klara sådant. Och hur jag än försöker, så kan jag många gånger ändå inte förstå.

## 2023-04-29 – Paris – och Parissyndrom

Ja faktiskt. Paris var kanske inte allt jag hade önskat, men det var bra nog. Precis som här hemma, så är det på både gott och ont. Vi såg mycket, vi åt mycket, vi gick, och vi gick igen. Sedan började vi ta tunnelbanan. Och *jag, jag* följde med upp i Eiffeltornet! Oddsen för det, var annars minst 100 minus! Jag som alltid varit rädd för höjder, med det gick bra. Det är en framgångssaga vill jag mena. Det får vara värt en Jättemegastor guldig stjärna för den ~~bredepplen~~, ~~brieppeln~~, bredriften! Tror att min ~~högres~~, ~~höjre~~, vad säger man? Höjdskräck? Är det, det rätta ordet?

Utöver det så var vi på de typiska turistställena. Fast vi besökte också caféer och lokala matställen. Vi var tröttare än vi har varit tidigare när vi rest. Det blir också missförstånd oss emellan på grund min afasi och allmänna celldöd.

Också min rygg, axlar och höfter gjorde att min ork lätt tog slut.

Borde berätta så mycket mer om resan, men det blev vad det blev. Kan jag ju förståss berätta om allt vad vi åt, men då hade jag skämt ut mig!

## 2023-05-01 – Dröm med Alzheimer – och sänkt Rie

För första gång (som jag minns), så sov jag i förgår en dröm där jag faktiskt var Alzheimersjuk. Jag minns att det var på någon resa i London, där också drottningen (vilken?),var med. Jag hade en massa papper som jag skulle hålla koll på för drottningen, men jag hade svårt att hålla i det. Av någon anledning så var jag ändå ansvarig för händelsen men…, till sist hörde jag mig själv säga att jag inte klarade att ha det ansvaret eftersom jag hade Alzheimer!

Och sänkt Rie, ja puhh! Jag, och Krister var oerhört trötta efter resan! Igår tvingade jag min tunga, trötta och urkalkade kropp, och tvingade min lekamen att gå upp på övervåningen där vi har vårt gym. Efter den stora tröttheten trodde jag inte att det skulle gå, men *efter* träningen, så hände det som det oftast gör när jag tränat, att jag blev pigg!! Det hjälper inte bara med promenader eller så, utan det kräver ett pass med ordentligt flås. Kom ihåg det Rie, när du inbillar dig att du kan vila dig pigg.

Funderar på om det här med kyrkkören är bra för mig. Det känns som om att jag ljuger, eftersom jag ju inte kan vara med så länge. Får prata med körledaren om det igen.

Har haft en lapp liggande vid mina andra lappar, och där står ordet *Hörsamma*. Det är ett ord som jag vill prova att använda, för det ordet har jag inte använt mig av tidigare vad jag kan minnas. Men nu så, nu ska ordet hörsammas, hörsammas!

## 2023-05-03 – Svårt att formulera – och inte blir det bra heller

Så är det det. Det tar mig minst en timme att skriva ett datum, alltså ett stycke i denna bok. Hjärnan börjar snabbt få ont i huvudknoppen när den ska prestera. Men jag borde kunna klara två rader, kan man tänka…. Redan efter de första orden, så kommer remmen tillbaka runt huvudet, och dras hårt om. Det är inte en barnlek att vara demenssjuk!

Jag vet att jag skriver dåligt, många gånger rättar jag det, men andra gånger orkar jag inte. Det skulle två timmar minst för ett stycke.

Har i alla fall varit och klippt mig. Snabbt, billigt och smidigt. Förr körde jag till en annan frisör i Växjö, men nu klarar jag ju inte att åka in till staden, – och hur jag skulle kunna klara att åka kollektivt.

Måste öva till kören i morgon! Däremot måste jag prata om körledaren om min sjukdom. (Ja, alltså, jag berättade om det direkt när jag träffade henne första gången, men de andra i kören måste få veta.)

Är så trött väldigt mycket av dagen. Energin är låg och jag får inte så mycket gjort. **Vad har jag egentligen gjort idag, nu vid 16:57?** Jo – matat katter, torkat runt katternas matplatser, släppt dem in – och ut – flera ggr redan idag. Jag har ätit frukost, läst morgontidningen d.v.s. jag läser mest rubrikerna och ingresserna. Jag har bäddat vår säng, och jag har tvättat en fintvätt och hängt, och sedan startat diskmaskinen. Det som handdiskas har jag också ordnat. Sedan har jag matat katter igen, och släppt ut dem, och sedan tillbaka in igen. Det är många håriga kattben här i huset! Jag har också dubbelkollat bokningar i min almenacka, för att inte tappa bort för mycket. Jo – jag har också laddat kaffemaskinen, hackat tomater, och morotstavar. Jag har också kommit ihåg att skölja våra mungbönor. För den ~~beljang~~ öhh, ~~beredden~~, äsch, inte ens jag själv, vet jag vill säga.

Jag tror att jag också borde ta hand om de tre kattlådorna. Det är lömskt det med lådorna, eftersom jag inte känner lukten. (Ska tillägga att jag ibland – helt plötsligt – kan känna lukt.)

Har börjat funder på att skicka in min demensdagbok till någon, som kanske kan vilja läsa den...?

Nu kan jag verkligen inte mer idag.

Fast jo, tydligen, för när jag gick ner för att sluta skriva, så kom jag ju på vad jag hade gjort mest hela dagen, och det var att leta, leta och leta igen. På vägen till att göra något går jag också i gång på alla andra impulser, för där kan man lätt hitta en annan tråd som jag hakar på. Från det att jag bestämmer mig för en aktivitet kan det ta flera timmar. För jag hittar ju alltid så många impulser på vägen.

Nu då – nu skriver jag inte mer på detta stycke.

## 2023-05-04 – Kattlådor – och sjungstund

Men hallå – Kattlådorna! Nu ska jag gå ner och fixa dem! Det vill säga om jag inte börjar med något annat... Egentligen vill jag bara sortera gamla brev. Det är mycket när man är en ~~nontorisk~~, notorisk – (yes – jag klarade det på bara två försök!), samlare!

Stolt går jag nu ner för att avhandla kattlådeproblemet. Ger mig själv en stor silverstjärna i förtid, (för nu tror jag verkligen att det kommer att ske...) Så nu kommer jag verkligen att tömma dem, tror jag... för nu *ser* jag att de är ofräscha!

I helgen ska jag vara med mina »soulsisters« i Åfors (Mammas hus). Vi är fem damer som ska hålla hov och bara ha det bra tillsammans. Några kommer från Köpenhamn, jag kommer från Lessebo, Syster Mi som bor lite både här och där, och svägerskan som kommer från Kalmar. Jag har bara 15 kilometer hem så jag kommer inte att sova över – för min hjärna är beroende av hjärnvila. För mycket prat och inputs är mer än jag kan klarar, men jag kommer med på det jag kan och orkar.

Och nu då – kommer jag att städa kattlådorna nu?

## 2023-05-06 – Svärmor – och soulsisters

Livet går som det gör. Svärmor är mycket svag och vi byter av med varandra, med att sitta med henne. Egentligen skulle jag vara med vår grupp »Soulsisters«, från eftermiddag fredag till söndag, men jag hade redan flaggat för att jag inte klarar social aktivteter hela tiden, för då blir jag övertrött och hjärntrött. Jag satt hos svärmor igår, och åkte sedan hem och åt lite, och vilade en stund, och åkte sedan till Åfors, där vår mammas hus är. Jag planerar att vila under dagen idag och sedan vara med på aktiviteten som vi ska ha med töserna: Hanne, Christine, Maria, Stine, Gerd och jag. Sex damer blev vi. Om det inte händer något som gör att jag måste åka in till svärmor. Om det går bra så är jag med på

Försöker skapa texten begriplig men problemet är att när jag korrigerar min text, så kan jag ibland rätta till, men då skapar jag oftast ännu ett bokstavsfall. Bokstavsfall? Finns det ens ett sådant ord..? Det är så mycket som kan trötta min hjärna. Exempelvis att försöka skriva detta stycke.

Jag har nämnt det tidigare, men nu vill jag förfrytta, ~~för=~~ ~~trycka, framtycka!~~? Äch – vilket ord jag än hade tänkt använda, så är det poff – borta!

Jag går ner och pratar lite med solkatterna Fisen och Melina.

210

Solen är med och dagen är fin. Basic är ordet. Påtagligt och förståndbart. Öhh – ännu ett nytt ord i min vokalibär, vokalebär? Skit samma. Jag blir så trött och besviken över att bokstäverna hoppar runt, utan att jag får ha med några ord i diskussionen.

På mitt huvud har det återigen placerats en rem som pressar ihop mitt huvud. Eller möjligen är det min hjärna som sväller?

P.S. Alfred har sina bilder med på marknad i Malmö nu i helgen. Spännande! :) D.S.
P.P.S. Simon springer 10 km med jobbet idag. D.S.S. (Skriver man det så ...?)
P.P. P. S – Belle – berättar en historia på FB, om myran Claes, som åker myrambulansen men hamnar i bubbelpoolen. D.S.S

## 2023-05-08 – Städdag- och vad var det jag ville?!

Satt hos svärmor i 3 timmar med maken och dottern i går kväll. Svärmor tittade upp ofta, men lika fort så somnade hon igen. Vaken och sovande om vartannat. Varje gång så sökte hon våra blickar, och då särkilt Bulledottern. Så har det varit hela tiden. Det är barnbarnen som står i centrum, medan vi gamlingar står tillbaka. Så klart! :)

Bortsett från det så är hon svag. Hon kan försämras snabbt, eller faktiskt leva vidare, eftersom hon nu verkar svara på antibiotikan.

Äntligen kom städfirman, jag tycker det är jobbigt när de kommer sent, för då kan jag liksom inte spendera min tid, för jag vet ju inte när de kommer.... Jag har hunnit mitt av städet för flera timmar sedan...

Jag har nu suttit i ca i 60 minuter vid datorn, och jag är redan hjärntrött. Kroppen min är i sanning skröplig, men nu tycks min mentala förmåga, vara än mer skröplig. Det lockar mig på intet sätt att betrakta mitt förfall. Självklart så har det varit/är så för många människor, men den vetskapen tycks inte direkt mildra just mitt fall.

Kan tillägga att jag vann 200 kronor på Bingot i Åfors. Nice. :) Det var ett nytt koncept med Burgare, (Jag fick vegomat), Bingo, blandade drycker, och sedan dans. Jag var inte med hela tiden med mina soulsisters p.g.a. svärmor, men det jag var med på var nice! Jag vet inte om Krister åker in igen ikväll, jag tror att han måste få lite vila också. Sjuk mamma, Alzheimersfru och heltidsjobb kan bli för mycket t.o.m. för honom.

Ja – vad var det jag ville?? Jag vet inte. Tyvärr. Jag kom på det igår kväll när vi var hos svärmor, men jag skrev inte upp det direkt. Jag minns bara att det var något som var viktigt för mig. Förmodligen något om min kommande vård. Fortfarande tror jag ibland att har ett minne. Glöm det damen – huvudet under armen är det som gäller här.

Det *kan* vara det att jag inte vill ha mina anhöriga i rummet medan jag ska skötas. Kanske var det nog det. För det vill jag ablsulit, absulit, absolut inte! Det går jag ner och skriver i mitt vita arkiv – alltså om jag minns det när jag gått ner...

Stycket som jag nu avslutar tog mig en och en halv timme minst. Det är i sanning lång tid för ett litet stycke/avsnitt eller vad jag nu ska kalla det.

## 2023-05-11 – Statens institutionsstyrelse – och somrigt försommarfint

Mycket sol är det härhemma, fast jag håller mig mest inne. Sådan är jag. Fast i går var jag ute en lååång mysig pratpromenad med Rocita, som var på besök här nere. Men vad gjorde jag igår?! Jo, jag övade på sångerna till idag! Nog är minnet dåligt! Kan säga att det är mycket besvärligt för demenssjuka tanter(och andra demenssjuka), att minnas vad jag vill säga.

Häromdagen föll jag för pladask för ordet Statens institutionsstyrelse. Puuhhh! Ett sådant ord kräver att jag meddetsamma skriver upp det på en lapp eftersom orden är mer än flyktiga. Runt omkring i huset ligger det små lappar som jag sedan stryker över, när jag är klar med det. Det är smart av mig vill jag säga, eftersom att det annars försvinner igen.

Vad mer kan jag ha att förtälja? Jag tror att jag har tappat det mesta av vad jag gjorde i går och i förgår. ~~Säkerleden, särkligt, säkligt,~~ äsch jag pysslade jag med katterna!

Jo – förresten – jag bakade med boendestödet i tisdags, det blev en kladdkaka med en sådan öh.. en ~~plockare~~, polkagris! Alltså som jag gjorde till små bitar och strödde på kladdkakan. Tyvärr hade jag inte ~~redgriserrar~~, jösses!? Ingredienser! Till en av kollegorna som inte tål gluten och komjölk/mjölkprotein och lactos. Alltså till att mina tidigare kollegor.

Nu måste jag avluta – för mitt huvud har blivit allt för trött av att sitta här och skriva. Går ner istället och tittar på hur Krister och en grävmaskinisk med grävmaskin som vi har lejt till idag och i morgon. Krister har tagit ledigt dessa två dagarna.

Kan tillägga att Katten Melina visar mer intresse över en andfamilj än vad kan önskas, trots att jag bestämt har sagt att hon *inte* får gå ner till sjökanten och fånga småänder!!

## 2023-05-12 – Bassängbad – och systerbad

Jepp – så blev det. Syster och jag var på vattengympa och sedan var vi i mataffär. Hemma visade det sig att det ligger berg, (eller **stora stenar**), vid sidan av vårt hus, där våra bilar skulle få ny plats att stå på. Puuuh…. Annars hade vi, (läs Krister med inlejd grävmaskinist), hoppats på att ha kommit längre.

Har solat mig i 15 minuter på baksidan av huset för att få lite D-vitamin. Sedan blev jag irriterad på värmen och på att jag blev för varm.

Igår var jag på körövning, med blandade känslor. Nu får det vara som det är eftersom det snart är dags för termins-slut. Men sedan, till hösten, då vill jag verkligen få berätta för kören. Hur som helst så kommer det ändå fram i kören eftersom jag har bestämt mig för att outa, eller snarare för-tälja om min sjukdom.

Vill gärna vara med på Pride i morgon, men Krister har haft mycket och orkar nog inte köra in mig till staden, och dessutom så vill jag ha med honom som sällskap, *och* för att vi är stolta föräldrar!

Inser också att mitt ena öga är för besvärligt igen. Puuh. Det är så mycket som jag ska fixa med ~~i~~ staden. Till exakt den staden som jag inte längre kan ta mig till själv.

~~Stotrehijg~~ öhh – vad är det som jag har försökt skriva här? Ingen aning vill jag säga! Läskigt dock. Sådana utspridda bokstäver kan annars ställe till det mycket, för en förvirrad hjärntrött att hantera.

## 2023-05-13 – Ingen Pride för mig – men får vara stolt över att orka

Eller, det går fram och tillbaka, ibland är det rent för jävligt, och andra stunder går det ok. Krister har jobbat allt för mycket både på jobbet och hemma. Torsdag och fredag hade vi också lejt in grävmaskin med förare, men det visade sig att marken var allt för hård, så nu har Krister på den tredje dagen gått över till att klyva stora stenar med spett och med någon apparat. Fysiskt krävandande kan man säga! När jag tittar ut så ser jag att hans ansikte nu har blivet helt vitt av stensmul.

Själv har jag sorterat sopor, fixat kattlådorna, bäddat, diskat, torkat kylskåpet, tvättat en tvätt och hängt upp, och planterat lite fröer. Min plan är att också plantera lite fröer efter att jag har fått lunch och vilostund. Tänk vad en demenssjuk tant ändå kan!

Det är ok – men jag hade behövt den energiboost som Priedefestivalen hade kunnat ge mig. Själv kör jag ju inte in till staden ensam. :( Bara för att uppmuntra mig – så ger jag mig själv en stor silverstjärna!

Just idag kunde jag inte klara att skriva varsin fråga till Simon och Alfred på chatten, utan efter lång fundering fick jag skriva varsin för sig. Så är mitt liv mest hela tiden.

På måndag kommer vännen Dorthea och hör mig till Vellinge där vi ska besöka demensbyn de har (kommer inte vad den heter nu...). Hon hämtar mig och kör mig dit. Lunch och fika får jag bjuda på – och så alldeles klart så ska jag ju betala bränslet.

Ser fram emot att se hur det är där! :) Jag tror på iden, men samtidigt måste jag nog byta kommun på ett annat sätt, än om jag hade bott i särkilt boende här i kommunen. Jag tror att vi då måste separera vilket kanske påverkar hans ekonomi. Hmm.. Mycket är det att tänka på med den här sjukdomen!

Kommer på att jag ju sov i 12 timmar i sträck inatt! Jag minns inte att jag var uppe och kissade ens. Märkligt, mer död än levande är jag visst i sömnen.

I morgon kommer mina tidigare kollegor på besök. Krister hjälper mig med maten, så kanske jag kan fixa dukning m.m.

## 2023-05-16 – Vill – och vill inte – till Vellinge!

Igår hämtade min väninna mig för turen till Vellinge. Studiebesöket skulle starta vid 14:30 och vi kom fram i perfekt tid. På vägen hade vi också stannat för paus på ett mat- och vattenhål, så att vi skulle komma fram uppfriskade när vi

kom. Vi var bägge eniga om att Max-hamburgarna är de bästa, så där valde vi oss varsin god vegitarisk, ~~vegeterärer~~, hmm skärp mig, vad är det jag äter – jo, vegetarisk kost. Vad är jag då – vegetarian!! Yes! Nu klarade jag det. :)
Nu tänker jag gå ner och äta innan jag skriver mer;

En tom tant förutan förplägnad
fick magont och föll utav svaghet
men tur som det ändå visade sig,
var fallet enbart en hägring

Tillbaka efter mat och paus vill jag, (ska jag?!), förtälja om boendet som heter öh hallå – hallå!! Gå ner nu då och ät!!

I vart fall så kom vi fram i tid och vi togs emot av en trevlig »Leva Livet Inspiratör«, och som berättade och visade, under de 1,5 timmar som vi hade till förfogande.

Vi var ute och gick runt byggnaderna, och det tog inte stop. Det fanns ingen anledning till stress på grund av inlåsning. Bortsett att boendet verkar ha ett bra tänk, så var också själva byggnaden genomtänkt. Jag har mentalt satt upp mig som spekulant till att bo där om några år.

Vill jag bo där – **Nej**! Jag vill så mycket hellre vara härhemma i huset, där jag är van vid att bo! Förmodligen har jag kanske tre år innan det blir aktuellt med särkilt boende.

Puhh. Jag är jättetrött. Jag märker att det är svårare och svårare för mig att skriva förståeligt. Det kräver också mer och mer av mig för att kunna klara de texter som jag vill skriva.

Jag kom, jag såg och jag segrade – eller snarare är det ju så att jag redan är besegrad av Alzheimer? Jo, visst är det så.

Ja men – vad hette stället då? Jo – nu har jag en lapp här vid datorn där namnet står – Det heter Månstorps Ängar ängar – tröttsamt – var har Äet tagit väg…?

## 2023-05-17 – Dagen, och dagen efter D-day – och dagarna efter

Efter studiebeöket var jag helt urlakad. Den mentala sänkningen gjorde mig helt utmattad. Det känns som att japp – nu ska jag packa ihop och flytta in på hemmet! Som att det nu är bestämt och klart. Jag hatar varje stund av det. Jag vill bara vara mig – och inte en utmattad tant med stora kognitiva (och fysiska…), begränsningar. Blääääh!! Jag orkar inte mer idag. Det får vara. Det kommer att ta några dagar innan jag kommer tillbaka till den sinnestämning som gör att jag varken gråter eller skrattar.

Fast jag har ju inte gråtit ens fast jag nästan ville… Känner det mer som att jag har ett stort tungt tyngdtäcke virat runt mig som jag släpar runt på. Tungt är namnet.

Vill prata med barnen men klarar inte av vara glad, eller ens neutral. Ska i alla fall ringa min demenskompis idag. Jag har inte riktigt orkat det på några veckor.

## 2023-05-19 – Dubbelglas och – Dagboksroman

Har fått några dagar med mindre hjärnaktiviteter. Det har behövts. Först och främst så var det fallvågorna efter att det blev så konkret, tydligt och påtagligt, att jag *kommer* att få flytta till annat. Up my face! Och alldeles, alldeles, allt för nära! Om jag flyttar till annat boende inom fem år efter ~~idagnos~~, ~~idogist~~, d i a g n o s – blev det ens rätt nu? Hur som helst så tog det mycket ork och energi bara till att gå omkring som en vanlig tant. Det gick inte helt bra.

Idag när jag ville gå upp och skriva, så hittade jag inte dem. Det händer hela, hela tiden. Men! Min gode make har satt sändare. Slug som jag är så hade jag skärpan inom mig och planerade för att trycka på mobilen, där jag sedan kan höra den pipa. Stolt över min tanke tryckte jag glatt (tjae, men ändå), på mobilen. Det ena paret heter »långfärds-glasögon«, och den andra heter progressiva glasögon. Då så! Därför trycker jag energiskt på min telefonapp men ingen av paren hörs. De är helt borta. Istället får jag sitta vid datorn med mina slipade solglasögon inomhus! Mamma, älskade MammanMin! <3 Jag minns hur du så många gånger letade efter dina glasögon. Titt som tätt när jag kom på besök så letade vi efter hennes glasögon. Hennes problem var inte Alzheimer, men av försämring av gula fläcken och starr. Jag förstod att det var tufft för henne då, men nu förstår jag henne än mer, än då.

Svårt att få ihop det här stycket, så nu tillbaka till mina glasögon. Jag gick runt och tryckte runt omkring i huset Åtminstone något av paren borde pipa. Det gjorde de inte. Till slut hörde jag ett alldeles, alldeles allt för tyst pip. Och där fann jag dem. Bägge två! Liggande på varandra inne i tvättstugan, under en hög tvätt (?!) på bänken. De där kumpanglasögonen får jag ta tag i, när jag har vilat efter denna skrivsession!

Var (när) kommer barnen in? Helt plötsligt känner jag mig i saknad av mina barn. Dem är ju alltid med mig, men nu orkar jag inte riktigt. Det blir allt svårare för mig att ringa upp dem. Jag vill inte gnugga in min ledsamma sjukdom på dem. Bättre om jag verkar ha det bra. Vad är rätt vet jag inte. Kan i alla fall berätta att det tar emot nu. Det är bara en ~~deltid, dovtid~~, äsch – det här kommer jag inte få ihop eftersom jag inte alls vet vad det var jag ville skriva. Blääähh!!!

Skickade iväg ett manus igår. Det tog oerhört mycket energi. Först tog det mig tre kvart för att komma på hur man skapar ett nytt dokument. Sådan hatar jag. Det *går* helt enkelt inte att *vara* glad och nöjd – när hjärncellerna går förlorade i klet och smet. Men jag klarade det till slut! Då kom nästa problem. Hur sparar jag?!? Det är allt för mycket som jag inte längre kan.


## 2023-05-20 – Hemmavid i ensamhet – orkar inte upp till okey

Så är det. Det tar på krafterna att orka vara glad. Svårare och svårare vill jag mena. Maken är i väg hela dagen, och på kvällen bjöd Dorthea oss på middag, men jag tackade faktiskt nej. Jag känner att jag mer och mer vill grotta in mig i huset och bara vara där. Det är både sant – och osant – för jag behöver någon sorts kontakt varje dag. Om en halvtimme ska jag prata med Alfred i telefon. Vi bokade en telefontid i går.

Känner också att jag vill prata med min demenskompis för det har varit allt för glest mellan samtalen på senare tid. Det brukar vara jag som ringer, men nu tycks jag inte orka så bra. Ska också öva inför morgondagen där jag (och hela kören), ska vara med och sjunga. Det blir mitt första uppsjung sedan jag började i kyrkkören. Musik betyder mycket för mig.

Köpte lite växter igår, så nu ser det fint ut för både människor och bin! Jag mår bra av fågelkvittret, grannarnas sysslor, och promenader i kvarteteret. (Säg inte det till någon, men jag har tydligen tappat både promenaderna och träningen!).

## 2023-05-23 – Körsång – och äntligen gått ny promenad

Det känns verkligen som att jag, för varje slev, tappar ännu en bit av mig själv. Jag ser likadan ut, och jag låter likadant, (men nej Rie, för det är många grodor som kommer ut ur min mun), fast ibland, ett litet ögonblick, så känner jag igen mig själv. Då blir jag glad och ger mig själv en stor Jättestor Blinkande Guldstjärna – bara för att jag kan! ★

Och promenaden var inte lång, men efter att vi hade uppsjungning i Hovmantorps K:a, så passade vi på att gå den nya lilla promenaden, så nu har jag satt mina fotavtryck också där. :) Vi träffade flera, fast särkilt tack till Susanne som snabbt hjälpte mig, när någon bara kom fram och lite snabbt, och berättade sitt namn, och hur jag skulle kunna betala min del av blommorna till körledaren. Gissa att jag inte hade klarat det själv! Däremot får det mig till att åter tänka på att *jag* ju ska betala också. Fast just nu ligger det på en papperslapp, på mitt köksbord – så det kommer nog att gå bra... ;) Vi träffade också på en partimedlem. Trevligt!

## 2023-05-23 – Ännu en slev ur Rie – och nu är Melina sjuk igen

För varje dag försvinner jag lite. Sleven går stund efter stund. Gilla läget kanske? Men nej. Det kan jag inte. Så länge jag kan se på mig själv, så kommer jag inte att acceptera det som händer med mig. Varsågod sleva upp lite mer ur Rie. Så känns det – och hur jag än försöker stoppa proccesen så är jag maktlös. Bredvid mig har jag en liten grå katt som heter Lilltass, fast som till dagligdags heter Fisen. Brum, brum. Spinnande katter ger ro. Å andra sidan så är det lite besvärligt att skriva när en katt går runt, runt på tangenterna...

Och vår Miss Melina är sjuk. Stackaren. Det visade sig, att hon hade blivit biten i bakdelen, och då hade hon en ettrig infektion. Först trodde vi att det var fluglarver eftersom vi såg röda ömma prickar, och en päls full av larver – eller faktiskt inte. Det visade sig i alla fall att det inte var fluglarver, utan ja – ett rejält bett. Och larverna då? Jo tack! Det var en snarare en päls med mycket, mycket, mjäll. Varför visste vi inte, och inte heller dem på djursjukhuset.

Nu är jag sömning och trött och bör finna mig en bädd av något slag. Hoppas att jag lyckas med det!

## 2023-05-25 – Kattpromenader – och konditoRiet

Har varit ute med Melina i sele runt i lilla kvarteret. Hon mötte en man, en bil, en hund, en annan katt, och en massa lukter som hon nosade ingående på, och som hon tittade på länge. Hon måste gå i sele till efter helgen, så rastlös blir hon ju. Det är jag inte. Trots mina dagar är små, så räcker de för mig. Som exempel så började en Fiskatt precis sträcka på sig, och lade sig igen kattbädd. Så säg inte att det inte händer grejer här hemma!

Ska senare i eftermiddag gå på konditoriet med Mariann, eller om vi bestämmer oss för att ta med det till någon av oss. Jag ska ta min premiärtur för året med min el-cykel. Nice att få välkomna sommaren!

Har jag nämnt att jag hatar att ha Alzheimer? Det har jag nog... ;) Jag får räkna stunderna av klarhet, och försöka glömma att jag tappar bort mig, med varje dag.

I ~~förgom, formgår,~~ förrgård – skit samma – jag menar dagen före denna! Bara för det, så har jag glömt vad det jag egentligen ville skriva. Så är det mest hela tiden. Nästa impuls/störning, och jag har glömt.

Vi blir osams en del här hemma. Krister har mycket att stå i, och jag står snarare i klister. Eller inte helt – jag har mina sysslor och katter och plock. Men – det *har* börjat gnissla något mer än tidigare mellan oss. Häromdagen tänkte jag på att köpa en fjärdedel av vi syskons gemensamma hus. Då kan jag vara där och bo. Andra dagar går det bättre, och andra mycket sämre. Det blir helt enkelt för mycket för Krister – och det gör det ju också för mig – som lever det.

Nu är det dags att göra något annat, och som inte kräver huvud! Tycker mig också vilja prata med Simon ikväll!

## 2023-05-27 – Katter, katter och katter – och kletiga plack!

Var åter till djursjukhuset med Melina. Som tur var så ser det ganska bra ut nu. Det västa är att hon är stressad av att inte få gå ut än, men och också för den eviga tratten. Fast på tisdag Melina! Jag vallar dock henna i sele.

Aj då – nu har jag suttit i minst en halvtimme för att skriva dessa rader, och innan stycket är slut är jag säkert upp i en timmes tid. Konstigt hur jag kunde bemästra bokstäverna och orden förut. Och som vanligt vill jag demonstrera mot amyloida plack!!

Nu är jag genomtrött, alltså i hjärnan igen. Jag måste göra något praktiskt. Kanske jag kan snickra på några plakat och protestera? *Något* borde jag väl kunna göra för att lindra sjukdomsförloppet!?! Jag skulle till och med vara nöjd med livet så som jag är nu – men glöm det. Jag kommer att bli så mycket sämre, dag efter dag efter dag. Ännu ett litet bett av hjärnans förmåga. Stopp! Lägg ner vapnen! Som om Du ens hade några.

Går strax ner och gör en litet vedbodssyssla. 30 minuter får jag högst göra det, för att inte få allt för ont i kroppen. Nu går jag alltså bort från datorn.

Åh – nu lovade Camilla att köra mig till optikern på måndag. Tack! :)

## 2023-05-30 – Katter igen – och ögon igen!

Igår fick Melina äntligen gå ut själv, utan en matte, sele och tratt. Gissa att katten var glad! Vi med, eftersom det har gett merarbete mad vallning, nedkissning, och allmänt stressad katt. Nu får det gärna vara ett tag innan vi måste till veterinären igen.

Och ögonen. Igen! Camilla kom och hämtade mig till optikern, (Tack för det!). Jobbigt. Men nu hade ögonen (starren), precis så som jag tyckte, att de hade försämrats. Nu skulle jag få tre par nya vänsterglas och se om det funkar. Om det inte duger så blir det korrigering med laser…? Tror de sa så. Men nu hoppar jag i alla fall att det blir bra igen.

Det har stört mig ett tag, men sedan ett par veckor har det varit svårt att skriva och vara på nätet. Ögat zoomar ut för att det är för jobbigt för ögonen. Tur att jag i alla fall har abonnemang på mina glasögon, så att det inte kostar mer än två resor fram och tillbaka.

Fick också komma in på Hälsokosten, och på en second hand. Alldeles som en vanlig tant! ;)

Avslutar för idag med ett litet gnäll, men det är ju så att jag hellre hade kunnat ta mig själv till staden, men är glad att jag har vänner som hjälper till!

## 2023-05-31 – Sjuksköterska – och (vaket) nattliv

Egentligen är det allt för sent för mig – jag som alltid har varit en sann nattuggla! Men tydligen icke längre. Nu känner damen att det är helt okey att lägga mig tidigare. Bra då att jag numera har luft i schemat så att jag kan få min skönhetssömn! Damen i fråga, alltså jag, sover jag gärna ca tio timmar eller mer. Äsch. Jag svamlar runt här mellan bokstäverna men har tappat alla röda trådrester som jag någonsin har haft. Jag borde inte sitta här på övervåningen och försöka skapa text

Pratade någon timme med BulleMi! (Eller faktiskt i 57 minuter).

I morgon ska jag åka till vännen Dorthea, det ser jag fram till.

Jag håller på med mitt lilla vedbodsarbete, d.v.s. att jag ställer klockan på ~~axakte~~, ~~exexakte~~, ~~axeket~~ hallå där – jag vet att det finns ett sådant ord, ett som jag har använt i mer än ett halvt sekel!! Plocka fram det igen!

Skrämmande svårt är det att skriva nu. Varje ord jag hittar fram, kan också vara en fälla. Vad har jag gjort för att reta upp hela alfabetet?

## 2023-06-02 – Vattengympa – och Melinakatten igen!!

Och grävmaskiner!! Sitter just nu och försöker tänka klart, (glöm det tanten), men försöker ändå. Har just kommit på att Melina nog måste till veterinären igen, eftersom att det har kommit vätska ut såret igen. Annars hade det blivit jättefint! Pust. Det kostar inte bara tid – utan det kostar pengar!! Kommer just på att jag skulle sätta på en fintvätt – så då pausar jag en stund för att göra det. Vi var nämligen runt i en del secondhandsaffärer och då vill jag ju tvätta dem innan jag börjar använder dem. Men hallå! Gå ner nu, så att det faktiskt blir gjort.

Men Melina då, vår kära Mamman-min-katten. Eller mitt smeknamn på henne som är Buffi. Nu är hon sjuk igen, men hon buffar på mig som vanligt. :)

## 2023-06-04 – Glömda glasögon – och röriga dagar

Det blir gärna lite rörigt runtomkring mig, och i mig. Eller är det så att jag är den som gör det rörigt? För rörigt är det!

Orden är svårare och svårare. Både i tal och text

Möttes upp med dottern på Börjes. Fick leta en hel del på mitt krympande hjärnkontor. Alltså jag hade det på tungan, men det verkas som att det blev … det här går inte bra. Inte ens jag vet vad jag hade velat skriva.

Trevligt att se DotraMi! Lite fika, och några småköp. Lite prat och lite fika. Dottern lyckades med att hitta mina glasögon d.v.s, via en app i min telefon. Jag har nämligen en sändare på vart av mina glasögon. Lite ~~nedstulna~~, nej nedstämda över att mina glaögon var borta. Till sist följde en expidit oss upp till den våning som egentligen hade stängt. Dottern tog sig runt huset – och därför kunde BulleMi spåra dem dit!! Det är ju jobbigt att leta hela tiden, men det är värre om man ska åka tillbaka nästa dag bara för det.

I övrigt är det inte jag som är rörig nu. Vår tomten är uppgrävd, Melinakatten är sjuk, och det hela är svårt att härbärgera för mig. Har ju bara vissa stunder som jag kan arbeta kognitivt. Sedan släcks det ned. Då måste jag göra något konkret, eller vila.


## 2023-06-06 – Ett förlag – och så klart också en massa tantprat

Någon kanske vill göra mina dagboksanteckningar till en bok eller så. Mycket är det när huvudet inte fungerar. Men kul skulle det vara om några ville läsa. Nu ikväll skickar jag mina daganteckningar till barnen så att de har chansen att läsa igenom texten. Om någon/några absolut inte vill att något är med, så tänker jag att mina tantsysslor näppe kommer att göra någon uppriven, men det kan vara så ändå. Om inte, så finns det ju en stor chans att barnen får flera tillfällen till att skämmas för sin mamma! Mega, jättemega och dundermega!

Ska därför strax gå ner till maken för att be honom om att skicka mina daganteckningar. Sådant är för svårt för mig.

Hoppas att barnen/och andra, inte chockeras över hur *lite* spänning det är i denna dagbok. Inget naket, inget våld, inga droger, eller njaehe, det är ju faktiskt så att vår stackars Katt Melina blev rakad på baken av veterinären, och det *kan* ju vara någon som hänger upp sig på det. ;)
Och just det! Nog har jag droger allt! Fast bara på recept. Utan bromsmediciner och värkmediciner så vore mitt tantliv inte så värt att leva i. Och just som jag skriver det, så påminns jag om att jag skulle ta mina tabletter nu. De brukar höra av sig om jag inte tar dem.

## 2023-06-07 – Demenskompis – och katter hela dagen!

Har jag ens ett liv? Det får eftervärlden döma om. Pratade med min demenskompis i går. Jag satt på baksidan medan vi pratade. Vi är som oftast, helt eniga om hur onödig alzheimer är! Ingen av oss vill ha den, fast – så klart – men *något* ska man ju dö av. Började se hälften av »Den unge Zlatan« på eftermiddagen när jag behövde vila lite. Fotboll och andra sporter är egentligen inte min....? Så är det hela tiden. Orden försvinner på ett ögonblick. Kan man säga min musik? Fast jag vill mena att det ska finnas ett annat och bättre ord, än det jag vaskade upp? Nästa gång jag hittar ett bra ord, ska jag verkligen hålla fast i det, om det går.
Pratade med min demenskompis ikväll och vi enades snabbt om att orden försvinner mest hela tiden. Det är också alltid spännande att höra vilka guttorala ljud som kommer

över våra läppar, när vi båda försöker förstå oss själva, och varandra! :) Vi brukar prata mest om vår alzheimer. Vår Alzheimer överskuggar det mesta men vi vilar i varandras igenkännedom. Det är vilande och presslöst.

Tillbaka till Zlatan – Det jag ville säga, är att jag inte intresserar särkilt mycket om sådant. Däremot kan jag se en film om en sportperson, d v s. att jag intresserar mig för människorna, och mindre om sporten.

## 2023-06-08 – Storebror i Åfors – och jag håller på med katter och skruttiga lungor

Jag har hostat i över 3 veckor, och nu tycker jag att det borde ta slut. Doktorn, och en undersköterska (?) kollade och frågade. Som vanligt var jag inte sjuk. Jag hostar bara sedan 3-4 veckor. Dock sa den unge doktorn att jag skulle skriva in i min almanacka när tre veckor från och med nu, har gått. I så fall skulle jag återkomma.

Nu ska jag strax gå ner igen– om jag inte snubblar över några synnerliga fina ord, som jag bara vill ha i min ägo! I så fall blir jag sittande kvar.

Borde jobba lite i en bok eller så, men nu har jag precis gjort ett stort kognitivt magplask, med hänsyn till att använda hjärnan på ett tag, men bra gjort ändå damen, du gör vad du kan. En stor Guldstjärna ger jag mig själv!

## 2023-06-09 – Familjestrul – och dubbel i bröder

Jag måste ha varit mellan sömn och vakenhet, när mina serier av hostanfall övermannade mig. I mitt nyvakna tillstånd trodde jag verkligen att jag höll på att kvävas. Det vore ofint att beskriva slemmet som jag fick upp. Så nog om det. Traumatiskt var det i alla fall, särkilt när jag inte riktigt visste vad som hände.

Trodde vi skulle till Åfors idag, syster trodde i morgon. Men nu visar det sig att det är idag. Puuhhh! Dementa tanter ska föras varsamt runt och inte ändras på, när hon väl tror sig ha koll på läget. Det värsta är när människor som *inte* har demens är virriga, för då har jag *ingen* att luta mig emot.

Den stackars katten är på nedervåningen en stund, men jag ska strax låta kattdjuret komma ut i sin långsele, så att hon får vind, sol, och ja, faktiskt vatten. Har nästan tre timmar till jag ska iväg och fira storebrodern. Så får det bli.

Ibland läser jag något stycke som jag har skrivit tidigare, och jösses, det är inte helt lätt att följa...

## 2023-06-12 – Borstar inte tänderna – fast det är en dödssynd!

Det går verkligen nedåt. Jag orkade inte borsta tänderna i går. Helt utan anledning. Jo kanske – det måste vara demensen. Ibland borstar jag bara lite sådär. Jag som varit nitisk med tandborstningen. Samma sak är det med smink – om jag nu orkar fixa till mig någon gång, så orkar jag i alla fall inte tvätta bort det. Så har jag aldrig gjort förut! Inget kunde rubba min rutin. Det *kan* alltså inte vara jag! I det stora hela så gör det ju inte så mycket.., eller...? Jag som alltid varit synnerligen bestämd vad det gäller både tandborstning och sminkavtagning.

Nu ska jag strax prata lite med Alfredsskatten, och innan idag pratade jag med Tösflickan Bulle alias Kanelbulle, och Simonskrutten pratade jag med i förgår.

Goda rapporteringar mår mammor bra av höra. – Dock!! Jag vill också veta det som skaver och svider på dem!

## 2323-06-14 – Drömmarna tar över – och jag kan (ju) inte göra eyeliner

Jag drömmer och drömmer och det är inga mardrömmar direkt. Jag sover ju mycket, så det är ju bra att jag inte ligger och är rädd i sömnen. Men ändå. Drömmarna börjar så sakta smältas ihop med verkligheten. Det har varit lite så ett tag, men nu är det mer. Plötsligt när jag tänker på något så kan det vara en del av en dröm jag tänker på, fast jag tror att det är på riktigt. Sådant förvirrar.

Och eyelinern. Det är omöjligt! Ett ynka lite streck på varje ögonlock. Hallå!! Det har jag inte kunnat på länge. Det går bara inte. Varför kan jag inte det? Mina händer skakar inte, jag vet vilka saker jag behöver för min make up, jag har tid till det, men ändå. Att stå och göra pyttesmå linjer på ögonlocken klarar jag bara inte längre. Den gör mig jättestressad av att med den pyttiga lilla eyelinern, stå blick stilla, och få dit strecken. Jag försöker ibland men jag smetar runt det på ögonlocken. Det enda som händer är att det slutar med att jag kokar, och blir svettig istället för fräsch!

## 2023-06-15 – Halvt död – eller svårt sjuk

Tröttheten, utmattningen, svimmelkänslan, är en flitigt återkommande besökare. I går var jag hemma ensam till 15:00 då Krister hämtade mig hemma i huset. Krister hade ett samtal i staden, och jag skulle få nya glas, på mina ganska nya glasögon. Men nu behövde de bytas igen. Jag blev avsläppt vid optikern där det snabbt blev avklarat. Hade då drygt 1,5 timme för mig själv i staden. Puuuh! Hur snabbt kan energi försvinna? Jag blev så förfärligt trött av de ynka timmarna så att jag först trodde att jag hade blivit plötsligt sjuk. Helt ärligt! Vem eller vad, som tar min energi är jag arg på!!

För att trösta mig så åt jag glass, och gav sedan mig själv en tröststjärna av äkta gediget guld!

Fick en kallelse till läkaren på Gero.. ja jösses, hur hette det? Specialistpsykiatrisk mottagning för barn, unga och vuxna, i Växjö. Puuuuhhhu! Hittade namnet här i början av denna dagboken, annars hade jag inte klarat det. Fast, det finns ju också möjligheten att jag ändå skrev fel...

Det bekanta trycket över huvudet har återkommit. Så lite kan göra mig mycket trött. Dags att vila.

Avslutar här, men först vill jag ändå skriva att jag snart nog avslutar min »officiella« del av min dagbok. Det blir

svårare och svårare att skriva förståeligt, och det tar ~~opop~~-
~~pelt~~, ~~opropollelt~~, opproppololt, nej jag kan visst inte skriva
det ordet. Det jag vill säga är att det tar mer än det smakar.
Det tröttar mig för mycket, och en läsare skulle nog fasa
över hur lång tid jag lägger på varje daganteckning. Vad jag
ska göra istället har jag inte klurat ut, kanske jag bara ska gå
omkring och fundera på vad, vet, när, hur, vem, varför, när
min sjukdom allt mer går i progress.

Vet inte om jag ska skriva mer om detta idag, men om
jag gör det – så måste jag ha hjärnvilat mig en längre stund!

## 2023-06-18 – Nedstämd – och tandblekning

Dämpat hemma på torpet. Maken är iväg idag. Jag tvättar
kläder, bäddar rent och pysslar med Melina som nu är opere-
rad igen. Stackaren. Själv sitter jag med tandblekningsmedel
i munnen, vilket sannolikt inte är direkt nyttigt. Å andra
sidan så lär jag inte bli så värts långliven m.h.t. min diagnos.

Känner mig deprimerad, fast som vanligt så lättar det om
jag tar tag i något. Något praktiskt att hålla mig till. Något
som jag kan ta på. Annars känns det som att livet rinner
mellan fingrarna. Kan man säga så..?

Ska strax nog fixa lite sallad av olika sorter. Och blåbär,
apelsin och keso. Mums!!

Igår var vi hos vännen, där vi övade den Linedance som
hon (och jag lite med) ska hålla till Gittes 60-år. Jag har i
min tur arrangerat en sång, som jag »lånar« på temat »Tre
trallande jäntor«. Krister får lov att vara tekniker så att ljud

och annat funkar. Det är nämligen så att hon har sagt att man inte ska ge presenter, men gärna bidraga med något påhitt som sång, dans, trolleri eller vad man nu kan göra.

Sömnen min är ~~livojjen~~, livbojen. Där kan jag vila mitt förvirrade huvud, fast på senare tid så känns det som att det mer och mer går in i vartannat. Det jag drömmer är också med på dagen. Jag gissar att det blir mer och mer av det. Vad är på riktigt och vad är (hjärn)påhitt?

Och hostan då? Den är påtaglig ännu, fast slemmet är lättare att få upp. Jag tänker mig prova sova inne i sovrummet igen ikväll. Så får vi se hur det går...

Visst har jag nämnt att jag inte vill förlora mig, bit efter bit?

Och – När ska jag sätta punkt för denna bok? *Kan jag ens det?* Vem ska jag då skriva till?

**Samma dag;** har velat öppna ett nytt dokument hela dagen. Det kan jag inte. Hur kul är det på skalan att inte kunna öppna upp ett nytt dokument!! Det är förnedrande och rent utav för jävligt! Denna dag blev inte bra, men hur ska man kunna acceptera att förlora sig själv, undan efter undan.

Och ja – här sitter jag och gnäller – för många skulle nog vara glada om de fick mer tid, även om det var i demensens kletiga plack. Jag vet. Jag har fått tid. Men det går inte att bortse från att det trots allt, vore bättre om jag var frisk!

## 23-06-21 – Drömmarna tar över – och jag dyker under radarn

Så är det. Jag drömmer och drömmer och drömmer. Flera långa drömavsnitt dag/natt efter natt/dag. Flera gånger varje dag så har jag svårt att förstå om det är ett »riktigt minne«, eller om det faktiskt är ett dröm- minne.

Var hos läkaren på Geropsyk igår. Det var ett avslutssamtal från Geropsyk. Jag kallar dem lite vad jag hittar i mitt huvud. Nu ska jag »skötas« från vårdcentralen, fast jag trodde att jag redan var där. Det skulle ju inte fungera om alla skulle vara kvar i Växjö. Då hade det blivit trångt därinne, allteftersom det kom nya. Svamlar jag nu? Är så trött i hjärnan.

Bestämde mig att boka ny körtid när jag var hos doktorn. Jag vet inte om jag då vill utsätta mig med testerna och körningstillfället, men i så fall så bokar jag bara av bokningen. *Om* jag då klarar det ett år till med bilkörning, så kommer det i alla fall inte komma att få ännu en gång. Vid den tiden bör jag nog inte köra bil alls.

Borde faktiskt gå ner och låsa vårt hus. Katterna ligger på verandan och sover, men jag borde nog låsa huset. Ja, jag går ner och gör det, är redan helt slut efter ett litet stycke text.

Kom på att vi vid midsommar börjar med sill och potatis vid 14;30. Sedan är det aktiviteter och mat mest hela kvällen, fast nu idag slog det mig att jag inte klarar så många timmar med prat och umgänge, även att det är trevligt. Bestämde mig för att komma senare, och det tyckte maken också var en bra idé.

Rivastigminet ökas med 1,5 mg i samband med läkaren

## 23-06-22 – Avsluta dagboken helt– eller smygskriva i mjugg :)

Jag har med Alfred bestämt att jag ska avsluta den officiella delen av min dagbok den 30/6.2023. Därefter är min mening att trycka upp den. Som en bok som jag kan hålla i. Alfred kommer att hjälpa mig att få den tryckt. Jag vill berätta hur det är att vara alzheimersjuk i detta första skede av sjukdomen. Jag har ju jobbat i vården som undersköterska och sedan läst vidare till chef inom vården, men denna kunskap som jag har fått nu, när jag själv blev sjuk, var ny för mig.

Skrivandet tar för mycket av mig, men, jag kommer nog att försöka skriva ändå. Det ger mig stadga och något att hålla fast i. Något som blir kvar.


## 23-06-23 – Midsommarafton – men jag stannar halvt hemma

Är kvar här hemma och räknar med att joina framåt kvällningen. Vi är bjudna till midsommar hos vännerna och maken har redan gett sig av. Jag känner att jag blir väldigt trött så fort det är mycket runt mig. Jag skippar därför (med glädje), sillen och snapsarna, men räknar med att cykla bort till vännerna framåt 18:00 – tiden. Det betyder att jag också missar jordgubbstårtan och kubben – som jag annars gillar. Så får det lov att vara, när det inte är som det borde vara. Men det kommer förhoppningsvis bli trevligt när jag väl är på plats. Utan remmen runt huvudet!

Lite tveksamt dock, eftersom jag *redan* har den bekanta tröttiga remmen runt huvudet...

Ska gå ner och ge katterna mat, och sedan ska jag smaska på lite jordgubbar. Ser kanske något lättsamt på TV – det brukar funka.

Vi skickade en liten peng till barnen via swishen, till glass och jordgubbar. **Glad midsommar!**

## 23-06-25 – Skriva, skriva, skriva! – Så länge jag ännu kan- (isch)

Midsommaren blev trevlig när jag kom dit, öh..., jag menar att jag tyckte det var trevligt när jag väl tog mig samman och cyklade bort till vännerna. Maken och vännerna hade varit där en tre timmar innan jag hittade ork.

Men – alltså jag kom dit ca 18:30 – och vid tolv var jag helt slut. Hur trött kan man bara vara?! Har skrivkramp, fast jag svamlar på så länge jag är kvar i denna bok. De timmar jag var där var jättetrevliga! Vi spelade ett spel där man skulle träffa några pinnar med tal på. Jag hade vännen på mitt lag som jag, vilket var tur eftersom jag inte förstod reglerna särkilt bra Men med vännen på mitt lag, så kunde jag i alla fall kasta. Reducerad förmåga är mitt rättesnöre nu om dager.

Jag sörjer min bok och mitt intellekt.

Jag sörjer innerligt att mina barn ska mista sin mamma

Isabell jag älskar Dig med allt jag har.

Simon jag älskar Dig med allt jag har.

Alfred jag älskar Dig med allt jag har.

Ni är lika älskade alla tre, i all Er olikhet men också med Era samlikheter.

(Är det möjligtvis ett ord som jag precis skapade?)

Jag sörjer att mina barn ska bevittna min sjukdom. Jag sörjer att maken ska behöva genomgå min sjukdomsväg. Jag sörjer syskonen (både hela och halva), och syskonbarnen, och släkten. Jag sörjer vännerna, och därtill de bekanta som jag träffar då och då. Att dö undan för undan är både en gåva, men också en plåga.

Både jag och mina kära, kommer att tvingas se hur jag stund för stund förändras. **Jag vill köpa mera minne!!** Kanske datorn kan ge mig mer? Please...? Vi brukar ju kunna samsas här bland tangenterna – så om jag bjuder på ström – så kanske datorn är snäll och ger mig mera minne. Det är faktiskt fair tycker jag!!

Jag vet att jag snart ska avsluta denna del av min bok. Det kommer att bli svårare och svårare att förstå vad jag skriver. Ska det bli en avslutning av rang – eller tar det bara plumpt när det är den 30/6? **Hjälp!!**

## 23-06-27 – Avskalad och blottad – min nya devis

Den känslan har jag mest hela tiden, också i mina klara stunder. Jag känner att alla kan se hur förvirrad jag är, även när jag faktiskt har koll på läget. Fast då vet jag också att jag när som helst krackelerar, vilket åter gör mig till samma förvirrade tant.

Om jag står i kassakön till exempel. Då har jag förberett

med kortet – eller ännu bättre om jag har kontanter. Jag köper heller inte fler varor än vad jag kan ~~härbegera, herbärga~~, skit samma, (högst fem varor)! Sedan gäller det att jag har koden. Bäst är det alltid med kontanter, eller med hjälp av min lilla fusklapp. Vi bytte bank för en tid sedan, och den nya koden kan jag bara inte klara att memorera!

Jag ser mig stå genomskinlig så att alla kan se hur snurrig jag är. Jag hade hellre varit kompetent och företagsam – alltså om jag hade fått lov att välja. Men min sjukdom har förgått mig. I kassakön finns det *alltid* tid att oroa sig. T.ex. om jag faktiskt la ner plånboken i väskan eller glömde jag den hemma? Stressen ökar och strax blir det plötsligt varmt och svettigt? Nog ser de andra i kön att jag inte ens klarar att handla ens en handfull varor?

Och vad ska jag skriva om, när jag bara skriver för mig själv?! Vem är jag förresten nu när jag har Alzheimer? Hur mycket av Rieprocenten finns det kvar? Tusendetal av tangentslag efter vartannat. Skrev jag detta bara för mig själv? Eller var det i syfte att någon annan skulle få inblick i hur den »*lätta*« demensen kan yttra sig?

Jag vet ju att jag under de föregående åren har skrivit mer och mer. Förmodligen för att rista in mina tankar, påminnelser, minneslappar av allehanda slag. Jag har också genom åren varit nitisk på att samla på brev, vykort, kvitton, och minnen av olika slag. Som om jag hela tiden har känt på mig att mitt vara, inte skulle få vara jag så länge till.

Jag är arg på min sjukdom – det stämmer, men jag kan inte säga att jag är bedragen på mina år. Jag sitter här och har snart fått sextio år. Då kan man egentligen inte klaga, särskilt med tanke på, så många som dör redan under de första åren. Jag har levt i ett land där jag har fått både mat, vatten, (och kaffe!), samt skolgång och allt annat som jag har fått. Jag har fått sjukvård till både mig och mina barn och de mina. Med det perspektivet så får jag väl försöka acceptera att jag svettas lite i kassan när jag ska betala.

Märkligt dock är det hur jag byter perspektiv från det lilla – till det stora. För när jag står där i kassan och svettas – då känns det inte *alls* som ett litet problem!!

Ursäkta men jag behövde visst skriva mycket idag. Kanske jag inte ens har kvar min bok längre.

## 23-06- 28 – Som en riktig ärketant – fast nej

Snarare som en helt vanlig skröplig och demenssjuk tant.

Berättade jag att jag och mitt boendestöd åkte och köpte blommor till min mammas och min plastpappa gemensamma grav? Jag var där igår men glömde att skriva om det igår. Vi gick också in i kyrkan, tittade och lånade toaletten. Det visade sig att både jag och hon som var boendestöd, var lika på kyrkfronten. Vi hade både en liten fäbless för kyrkor. Både jag och hon tittade gärna i kyrkor och på kyrkogårdar när man är på resande fot. Både här hemma i Sverige, men också när man är på resande fot. Tyvärr hade vi inga betalmöjligheter någon av oss, så nästa gång jag är i Algustboda K:a ska jag köpa dubbla ljus. Det var också en grej vi hade tillsammans och det är att man sätter i ljus. I alla kyrkor man besöker. Där sitter man då och tittar och begrundar, vad man nu begrundar.

Kan också skriva att min bonuspappa har en staty stående i minneslunden som min bonuspappa en har gjort.

Och vem försöker Du lura? – Självklart kommer jag att skriva, även om det tar på min begränsade energi! Vad kan jag annat? Bokstav efter bokstav, ord efter ord. Påtagligt och robust även om texten bara är präntat det på det eviga, och ~~everliga~~, överlevande nätet. (Är ens det utrett? Kan nätet dö?)

Efter en timmes minst av skrivande och funderande, och efter en och annan Candy Crush så är det dags för mig att dansa Linedance. Kom på att jag kunde göra det istället för att träna något annat. Fast lite axlar måste jag slänga in, för annars stelnar min axelskada. Med råg i ryggen går jag från att vara lite glad – till att det blir ett kolossalt magplask, och jag mår åter för djävligt. Jag hatar att jag inte kan klara saker själv. Tänkte ju dansa/motionera lite linedance, men det gick jag bet på. Hur jag än tryckte på mobilen, högtalaren och snart alla knapparna i hela huset, så är det helt kört.

Har suttit nu snart i en timme ombytt och klar till dans, men kan inte få över min musik till högtalaren, och heller inte spela upp den film som jag behöver för att se stegen. Jag var visserligen beredd på att det kunde bli problem m.h.t. dansen, men då menade jag mest själva stegen!!

**Føj for helvede da for det pisse lort!!**

Istället av dansmotion blev det modlöshet och sorgenskap, (ännu ett nytt ord)...

Som så ofta så kommer Krister hem, och han hjälpte mig så att jag ändå fick dansa. Därmed körde jag lite styrka också. :) Det går upp och ner hela tiden, men känslan av nederlag efter nederlag ger en sur eftersmak i munnen.

## 23-06-29 – Slutet är snart – men kan jag verkligen sluta?

Jag behöver ju den tiden till att strukturera, till att sätta det på pränt. Förmodligen så kommer jag att skriva även utan publik. Bara för mig själv. Det ger ju stadga och möjlighet att minnas det jag har skrivit.

Vem eller vad är jag då? Bara en ingentingtant? Vill jag då finnas kvar? Utan ord, utan minne, fast kanske med gester, eller kroppsspråk. Kommer jag att vara en gullig tant som folk/personal tycker om, eller blir jag en extrem surtant, eller kanske en utagerande tant som vill slåss? Eller kommer jag rentav agera sexuellt, eller kasta saker omkring mig, kladda med avföringen, eller äta upp andras mat? Sitter här och skruvar lite på mig i förväg, med tanke på allt som ska komma. Jag vet ju hur det kan bli. Det enda i sådana fall, är att jag själv inte är mig själv.

Jag är och vill vara mig, Esther-Marie (Rie) Gustafsson Berthelsen!
Minns gärna mig så.

## 23-06-30 – Och jo då – som en riktig Ärketant!

Som avslutning vill jag ha en appendix som gör mig glad på något sätt. Eller glad är väl att ta i, men i alla fall för stunden inte i djup sorg. Fast nu är det ju *dubbelsorgligt!* Jag kommer att känna både sorg över min sjukdom som bara håller på, men också över att mitt skrivprojekt avslutats idag. Kanske är det allt för mycket för en enda liten tant att härbärgera?

Fast till Dig som har tagit sig helt fram till de sista skälvande sidor, till Dig vill jag ge en -

Stor glimrande jättestjärna av tvättäkta tantpower!

Si så där bara – precis som en riktig ärketant! ★

# Om författaren

Rie kom till världen 1963, på tredje våningen i centrala Köpenhamn. Här gick hon på dagis, stoppade pärlor i näsan, hoppade hage och var som ett vanligt barn. Namnet Ester-Marie fick hon efter sin mormor och farmor. Det kortades dock raskt ned till två stavelser. När Rie var fyra år, dog hennes pappa och hennes mamma träffade en ny man. Lagom till skolstarten flyttade familjen till Sverige och hon började småskolan i sydöstra Småland. Hon läste vidare till undersköterska och arbetade bland annat i hemtjänsten, på servicehus, daglig verksamhet, vårdcentral och inom psykiatrin. Senare studerade hon åldrandet; gerontologi, geriatrik, geropsykiatri samt ledarskap och jobbade som enhetschef, mestadels inom äldreomsorgen, men ansvarade en tid även för LSS-boenden.

Rie var tidigt engagerad i både djurs och människors rättigheter, jämte fördelningspolitik och miljöfrågor. Hon har alltid bemödat sig om att ge alla ett respektfullt bemötande. Ord har ständigt fascinerat henne, så förutom arbete och familj, har politik, "pysslande" och skrivande tävlat om hennes gunst.

Ett dubbelt diskbråck, jämte bindvävssjukdomen Ehlers Danlos syndrom och därpå en utmattningsdepression, förändrade livet. Nu var det motigt i både kropp och knopp, som hon själv uttrycker det. Rie slutade gradvis att yrkesarbeta. Det var en svår omställning, detta att vilja men inte kunna. Hon tränade och promenerade för att bygga upp sin styrka, men ofta tog värken överhand. Det var då hon började skriva på allvar. Om sina erfarenheter inom äldreomsorgen, om kärleken till sina katter, till de tre barnen och till maken. Om livets orättvisor och hoppet om ett öppnare samhälle. År 2022 drabbades hon av ännu en prövning. Nu i form av en Alzheimerdiagnos. Skrivandet utvecklades till att skildra förloppet ur ett inifrånperspektiv. Hon ger oss inblick i den nya vardagen, ensam tillsammans med den gnagande rädslan över ett trilskande minne. Hon skildrar små fadäser och tillkortakommanden galant med både svart humor och självironi, men de riktigt svåra stunderna får också sin plats.

Rie ger livet mening - i generösa och läsvärda meningar. "Så länge det är givande - åtminstone hälften av tiden - så vill jag vara med!" säger hon.